“Su”

JORGE RIAL

"Su"

Vida, pasiones y lágrimas de una diva

El divorcio, la pelea por los bienes,
La historia de amor.

EDICIONES
FLORENTINAS

El autor agradece
la valiosa colaboración periodística de Julián León.

Diseño de Cubierta: SRP, Diseño & Comunicación
Diseño de Interiores: Fabiana E. Riancho
Foto de cubierta: Roberto Pera

2da Edición: Mayo 1998

ISBN: 987-9215-21-4

Córdoba 1411, Rosario - Argentina
Venezuela 1820, Buenos Aires - Argentina

Hecho el depósito que prevé la Ley 11.723

EL MARQUES DE ROVIRALTA

"Los terratenientes ya no existen. Ahora no puedo transpirar nada más que jugando al polo".
HUBERTO ROVIRALTA

HUBERTO ROVIRALTA LLEGÓ A ESTE MUNDO, por la gracia de Dios, el 17 de mayo de 1952. El lugar elegido para tan decisivo acontecimiento fue el sanatorio de La Pequeña Compañía de María.

Fruto del matrimonio entre Inés Maura y Emilio Roviralta, el pequeño y rosado Huberto se integró naturalmente al nacer, a un singular árbol genealógico con cierto olor a rancio.

Su bisabuelo materno fue Antonio Maura Montaner, presidente del Consejo de Ministros en tiempos de Alfonso XIII. El hidalgo caballero español, hábil a la hora de enhebrar acuerdos políticos, recibió como compensación por algunos trabajitos extra para la corona un título nobiliario, algo más que habitual en aquella época.

Su abuelo, Antonio Maura y Gamazo, nació en Madrid y de inmediato recibió el título hereditario de duque. Su primer acercamiento con la ex colonia del Río de la Plata se produjo cuando conoció a Sara Escalante, viuda de Jorge Newbery, padre de nuestra aviación.

Sara también tenía una estirpe aristocrática gracias a su difunto marido, hombre de la alta sociedad argentina que combinaba su origen patricio con una bien ganada fama de reo: a menudo se lo veía en la tanguería *Lo de Hansen* ostentando una muy potente guardia a la hora de boxearse con los compadritos de turno. La viuda de Newbery contaba además con una suculenta y atractiva dote económica.

Un poco por amor y otro poco por las oportunidades que le brindaba este país, el abuelo Antonio se casó con Escalante y decidió radicarse en la Argentina.

La primera inversión del noble español fue la construcción de una fábrica de hilo sisal. La empresa no funcionó como pensaba y, haciendo honor a la tradición viajera de sus ancestros, decidió volcarse a los transportes, fundando una empresa fluvial que luego derivó a la aviación gracias a los fluidos contactos de su esposa. Así nació la firma *Maura, Coll y Compañía*, que representó en nuestro país a la empresa *Transatlántica Española*.

Pero la verdadera integración de los Maura en la sociedad porteña se produjo gracias a la construcción de la línea C de subterráneos, que une Constitución con Retiro. De esa empresa tomó parte el abuelo de quien sería el esposo de Susana Giménez.

Sus raíces en la Argentina estaban definitivamente echadas. Sin embargo, recién en 1931 la familia puso su vista en el campo, más precisamente en Pilar. Nadie entonces imaginaba que sesenta años más tarde, esa zona se transformaría en el *boom* inmobiliario de la actualidad. Allí, don Antonio Maura se convirtió en uno de los fundadores de Tortugas, el primer country del país y de toda Latinoamérica.

TORTUGAS: UNA PUERTA DE ENTRADA AL PARAÍSO DE LOS NUEVOS RICOS

Cuenta la leyenda que un día, don Antonio estaba mirando un partido de polo junto a su esposa Sara y en un momento dado le preguntó a la dama qué le parecía el espectáculo. Ella respondió sin ponerse colorada: *"Me aburre. Parecen tortugas"*. Y con el nombre de este animal fue bautizado el lugar elegido por nuestra pequeña oligarquía para recuperar de algún modo el olor a bosta de las estancias, pero a pocos kilómetros de la ciudad.

De la unión entre Sara y Antonio nació Inesita, quien luego se convertiría en la madre del protagonista del divorcio más escandaloso de la Argentina. Pero ese es otro capítulo.

El tronco de los Roviralta es más democrático y alejado de los vaivenes de los castillos españoles. Si bien don Emilio, padre de Huberto, también nació en la madre patria, a diferencia de la familia de su esposa su vida transcurrió básicamente en los claustros universitarios. Allí fue donde se recibió de médico, dedicándose luego a la pediatría y ganando cierto renombre entre sus pares por su capacidad y talento.

Se cuenta que en España, el joven doctor mantenía vínculos muy estrechos con el franquismo y que llegado a la Argentina, como para no perder la costumbre, pronto adhirió al peronismo, más personalmente al general Perón, en quien veía la representación cabal del mismísimo Franco.

El casamiento entre Inesita y Emilio representó la unión de dos estilos definidos: el de los terratenientes y el de los ilustrados. Luego vendrían las implicancias políticas de tal alianza.

Seducido por las ideas del jefe de los descamisados, Emilio aceptó viajar a España en representación del gobierno para organizar allí las actividades de *Aerolíneas Argentinas*, que entonces se manejaba bajo el nombre de *FAMA*. Para no dejar solo a su marido, Inés aprovechó los contactos políticos y se acercó mucho a Evita, a tal punto que su opinión era escuchada por la abanderada de los humildes a la hora de elegir su vestuario o recibir consejos sobre los modales que debían adecuarse a su flamante título de primera dama. Al único que no le gustaba mucho esta relación era a Paco Jamandreu, modisto oficial de la esposa de Perón, encargado de confeccionar sus más importantes vestidos. El hombre siempre le reprochaba a Evita su intento de proximidad con esas damas de la alta sociedad y le auguraba una pronta traición. *"No te olvides de tus orígenes y que siempre 'éstas' van a tratar de cagarte"*, le aconsejaba el diseñador sin demasiadas expectativas de ser tomado en cuenta.

Algún memorioso asegura que el padre de Roviralta exprimió hasta el final sus buenas relaciones con el franquismo para lograr que la famosa gira de Evita por España se convirtiera en un verdadero éxito. De ser así, evidentemente sus buenos oficios surtieron el efecto necesario ya que los españoles se volcaron masivamente a la calle para recibir a esa enigmática y bella mujer argentina.

De esta convivencia política, la familia Roviralta-Maura heredó una estrecha amistad con el sacerdote Hernán Benítez, un cura jesuita que se hizo célebre por ser el confesor de Evita. Tan sólido fue aquel lazo que Huberto fue bautizado por el mismo clérigo el 29 de mayo de 1952 en la iglesia de San Martín de Tours.

Cuando el peronismo cayó, con él se derrumbó también el prestigio de la familia y ni siquiera su dudoso linaje pudo evitar que su casa en Tortugas no fuera raleada en el nuevo perimetraje del exclusivo country.

Estupefactos, los padres de Huberto observaban cómo poco a poco su vivienda iba siendo excluida de la zona de mayor influencia, hasta quedar casi pegada a la garita de seguridad de la puerta de entrada.

Huberto comenzó a transitar su pubertad sufriendo ya las consecuencias de ser un joven oligarca venido a menos. De todas maneras su familia se empeñó en ocultarle la caída abrupta en la escala social criolla, y su educación se encuadró en la clásica formación europea tan cara a nuestros terratenientes.

UN SEDUCTOR A CABALLO

A los doce años ingresó al Liceo Naval Río Santiago y, con el uniforme militar ceñido al cuerpo, fue consciente por primera vez del buen porte que había heredado y que luego le iba a servir mucho más que cualquier título de nobleza. Rápido en las decisiones, el apuesto muchacho relegó los estudios para dedicarse a cultivar su cuerpo con gimnasia y deportes.

Con la misma celeridad descubrió que si bien era un hábil deportista, no estaba dotado para el democrático juego del fútbol: sus antiguos camaradas de armas aún recuerdan la poca habilidad de Huberto para pegarle a la pelota. Su destino final era siempre el arco, el lugar donde van a descansar los sueños de aquellos que quieren parecerse a Maradona y no lo conseguirán jamás.

Al tanto de esas limitaciones, decidió volcarse al polo, algo más apropiado para un joven de su clase y menos sacrificado. Si fallaba, siempre se le podía echar la culpa a los caballos y no a la inhabilidad del jinete. Para sus estudios universitarios eligió la Universidad Católica Argentina, donde se recibió de ingeniero agrónomo. Finalmente, optó por la ingeniería industrial, ya que se dio cuenta de que no tenía muchos campos para administrar. Es más; era consciente de que la oligarquía ya no lo contenía y que su sueño de terrateniente era simplemente eso: un sueño.

A los dieciocho años obtuvo por primera vez handicap en la Asociación Argentina de Polo. Creyó que con eso, a golpes de taco, podría subir algunas gradas en la escala social. Lo logró, pero sólo a medias ya que nunca pudo superar los cuatro puntos de handicap, puntuación más que patética comparada con los nueve o diez que lucen orgullosos los mejores del mundo, como los siempre envidiados Harriot o Heguy. Huberto se transformó así en uno más del montón. Eso sí, con apellido ilustre, barniz de terrateniente y muy buena pinta.

Con todas estas cualidades Hubertito comenzó a soñar con un golpe de fortuna. Sin embargo velozmente comprobó que su metro ochenta y tres de estatura, su piel bronceada y su sonrisa permanente sólo le servían para hacer suspirar a las chicas que trabajaban junto a él en la oficina administrativa del *Banco de Galicia*, su primera ocupación estable.

Pronto abandonó su oficio bancario porque se dio cuenta de que no había nacido para trabajar en relación de dependencia. Apostó en cambio a que su familia, apiadándose de él, le confiaría la administración de alguno de sus campos. Sus padres sólo necesitaron de unos minutos para tomar una drástica decisión: no dejarlo ni acercarse a las tierras ya que lo consideraban bastante inexperto como para ponerse al frente de los bienes familiares.

De todas maneras las posesiones de la familia Roviralta no eran, precisamente, para sacar patente de millonario. Uno de sus campos está ubicado en Justiniano Posse, a 250 kilómetros de la ciudad de Córdoba, y lleva por nombre *Alfonso XIII*, en homenaje al rey español que les regaló el título nobiliario que aún hoy siguen explotando. Otro es el *San Huberto*, en la localidad de Pilar, donde Huberto cría sus petisos de polo. Estas hectáreas se hicieron célebres porque fue allí donde el juez Lotero descubrió el famoso *Mercedes Benz* que se convirtió en una verdadera pesadilla para la diva telefónica.

En el granero de ese campito descansaba el automóvil importado para discapacitados que durante varios meses mantuvo en vilo a la opinión pública. Pero el vehículo, antes de llegar allí, durmió varias semanas en otra propiedad del polista: la casa de Tortugas. Y antes en el garaje del piso del productor de Giménez, Ovidio García, en Belgrano.

Como se ve, dos hombres que supieron protegerla y que hoy están enfrentados a muerte con la estrella televisiva. De aquel amor nada quedó...

Además de las citadas extensiones de tierra, la familia Roviralta es propietaria de un departamento en Posadas 1572, donde el ingeniero experto en cabecear ceniceros vivió durante su soltería. Este mismo pisito sirvió de bulín para algunas de las escapadas amorosas del pícaro y simpático caballero cuando ya lucía anillo de casamiento. Incluso fue su refugio cuando fue echado sin misericordia de la residencia de la calle Dardo Rocha, en el distinguido Barrio Parque.

Los Roviralta tienen también el cuarenta por ciento de una sociedad llamada *SCA*, ubicada en la Avenida Alvear 1749, sexto piso, departamento 23. Cuando se encuentra en Buenos Aires, este es el domicilio en el que se aloja Inés Maura de Roviralta junto a una dama que se convirtió en su fiel compañera desde que quedó viuda. Tan estrecha es la relación entre ambas mujeres que Huberto llama tía o madrina a esta compañía de su mamá.

La lista de propiedades familiares se completa con un departamento en la calle Rodríguez Peña, algunas hectáreas en La Pampa y un tambo llamado *Mary y Pepa* en la ciudad bonaerense de Navarro.

Finalmente, en el country Tortugas tienen una casa ubicada frente al campo de polo y también su residencia familiar. Al igual que los petisos que alquilan para los que quieren beber la mieles de ese deporte y no tienen en qué montarse, los Roviralta rentan el primero de los inmuebles citados para vivir de estos ingresos.

DE CÓMO GANARSE LA VIDA SIN TRABAJAR DEMASIADO

Visto y considerando que los bienes familiares le reportarían escasas rentas, Roviralta decidió sacar provecho del polo por cuenta propia. En lugar de intentar lucirse montando un brioso caballo, Huber se dedicó a venderles nobles equinos a los millonarios que pululan por el mundo soñando con convertirse en centauros.

Fue así que comenzó a aceptar invitaciones de distintos países, especialmente de España, Inglaterra y los Estados Unidos. Esto sucedió a partir de 1978, cuando participaba en partidos internacionales por algunos minutos; el resto del tiempo lo dedicaba a seducir a sus posibles compradores con su verba y su distinguido aspecto. Tal combinación le dio muy buenos resultados, ya que logró ubicar en dichos países varios de sus petisos.

La satisfacción por el éxito de sus ventas contrastaba notablemente con el ánimo de los adquirientes. Los que saben afirman en voz baja que los caballos de Huberto en lugar de ser alimentados con avena ingerían una extraña y casera mezcla de semillas. Esto hacía que los animales se cansaran y lesionaran muy rápido en los partidos. Sin embargo, de esta manera el marqués cumplía su objetivo: se ahorraba unos pesos fomentando aún más su célebre fama de tacaño.

De todos modos, su hábil verborragia y buena presencia habrían de servirle para alcanzar su meta más importante: la conquista de mujeres. Esa misión, aseguraba, le permitiría recuperar el dinero que alguna vez había tenido su familia, cuando la moda era ir a París, con la vaca atada y con ganas de tirar manteca al techo.

Cuentan amigos de la infancia que a los quince años el muchacho se graduó en el arte de conquistar damiselas, sobre todo si eran mayores y estaban casadas. Por supuesto, un requisito indispensable era que tuvieran dinero. Esta última condición era fundamental ya que Roviralta no tenía un peso y su capital sólo le alcanzaba para pagar los gastos de una primera cita. Después, mansamente, se dejaba agasajar por la señora en cuestión.

Si la estratagema no le resultaba, decidía llevar a su conquista directamente al departamento de la calle Posadas con un solo fin: economizar dinero y tiempo a la hora de los arrumacos.

Lo que sorprendía a todas sus invitadas era la obsesión de Huberto por hacerlas descalzar a la hora de entrar en su propiedad. Algunas creyeron ver en esta costumbre alguna reminiscencia de la cultura oriental, pero lo cierto era que de esta manera evitaba que marcaran su alfombra beige con los tacos de sus zapatos. El avaro seductor tal vez quería eludir a cualquier precio el pago de horas extra a la mucama que dos veces por semana ordenaba su casa.

Otro de los hábitos que asombraba a sus compañías femeninas era lo frugal de su menú para agasajarlas: calditos y café instantáneo. El sostenía que su intención era estar liviano a la hora de demostrar sus habilidades amatorias. Pero en realidad, nuevamente, pensaba en el ahorro: una marca indeleble en su devenir de pseudomillonario.

HAY AMORES QUE NUNCA... PUEDEN OLVIDARSE

"Les apuesto a que me gano a Susana Giménez"
HUBERTO ROVIRALTA a sus amigos

A LA HORA DE HACER UN RECUENTO de sus conquistas amorosas, puede decirse que Huberto Roviralta es un hombre afortunado. Sin duda su matrimonio con Susana Giménez le sirvió para potenciar aún más su inclinación al donjuanismo. Es que en estos casos se cumple una ley no escrita que asegura que las mujeres se interesan por un hombre en relación directamente proporcional a la fama de la mujer que el hombre en cuestión supo conquistar. Y el marqués ingeniero no fue ajeno a esta gracia adquirida en su paso por el Registro Civil, por lo que los biógrafos amorosos del noble caballero afirman que sus relaciones se multiplicaron a partir de esa irrupción en la farándula nacional. ¿Quién no quería conocer de cerca al que había logrado apropiarse del corazón de la actriz más codiciada por los argentinos?

En su prehistoria amorosa, los escarceos del pródigo Roviralta no superaban las tres o cuatro salidas. Esta efímera ronda se cortó abruptamente cuando conoció a Marta McCormack, o Martita, como la llamaban en el *jet set* de cabotaje. Los que conocen esta relación desde su nacimiento aseguran que ella fue la verdadera mujer de su vida e, incluso, que la siguió visitando aun estando casado con Susana Giménez, situación que siempre irritó a la diva de los teléfonos.

Es más, la doctora María Rosa Madariaga, actual abogada de Huberto, le fue recomendada por McCormack. Desde hace años la leguleya maneja los asuntos legales de la ex novia del polista. Por carácter transitivo, de inmediato se puso a las órdenes irrestrictas del caballero. En los corrillos tribunalicios algunos colegas fantasiosos aseguran que el vínculo entre la abogada y su representado superó el ir y venir de expedientes y que entre ambos se habría producido una química muy especial. Este lazo se justificaría, dado que fueron muchas las horas que emplearon para montar estrategias.

Pero volviendo a Martita, lo que nunca imaginó Huber era que iba a tener que disputar ese amor con un contrincante de peso, sobre todo tratándose del año 1978, cuando la muerte se paseaba por nuestro país. El enemigo a vencer en esta puja amorosa era nada menos que el almirante Eduardo Emilio Massera, alias el "Negro".

Investigadores de la historia entre el marino y la dama aseguran que la relación se fraguó por expreso pedido de Fernando Branca, esposo de McCormack. El empresario tenía en ese entonces 2.000.000 de dólares congelados en el Banco Central y la única manera de destrabarlos era con la ayuda de alguien poderoso.

Nadie más indicado para tales fines que el Negro, quien había quedado prendado de la belleza de Marta cuando ambos coincidieron en una fiesta social. La relación entre ellos cumplió su cometido: los fondos volvieron a las arcas del hombre de negocios, quien a cambio debió soportar más de una noche encontrarse con la custodia del almirante en la puerta de su casa de Ocampo y Libertador.

Amor, traición y muerte

El *affaire* entre Massera y McCormack se saldaría más tarde con la muerte del empresario, cuando el militar descubrió una presunta estafa con unos terrenos. En realidad el descubrimiento corrió por cuenta de la "leal" Martita, quien no dudó en comunicarle la situación al almirante. Este decidió tomar cartas en el asunto...a su manera. Siguiendo las tradiciones del código mafioso, días más tarde Branca se "caía" de una obra en construcción.

Antes de ese fatal mal paso, McCormack había llevado hasta las últimas consecuencias el doble juego, advirtiéndole a su esposo en tono imperativo que *"el Negro te va a pasar por encima con un camión"*. La frase se cumplió, exceptuando lo del vehículo.

Debido a esta causa, Martita estuvo un tiempo en prisión y, según cuenta el ex juez Oscar Salvi —en ese momento al frente del caso—, el único que la iba a visitar era el bueno de Huberto, enfundado en un raído sobretodo de piel de camello y camuflado tras unos finos anteojos de leer. El magistrado recuerda también la expresión de pánico del polista, cuando se le dijo que debería contratar a un buen abogado para defender a su amiga. El hombre comenzó a balbucear y emprendió una rápida retirada, para nunca más volver por la alcaldía de Tribunales.

Pese a este desplante, McCormack no dejó de querer a Huber e incluso le perdonó su casamiento con Susana, aunque no fue invitada a la fastuosa y televisada ceremonia. El, por su parte, en las visitas que le hizo durante sus años de casado, no sólo aceptó recordar viejos tiempos sino que, quizá como prueba de amor, se sometió sin protestar a ser conejillo de indias de la nueva debilidad de Martita: tirar las cartas. Allí la mujer le habría augurado el mal futuro que le esperaba con "Su" y su traumático divorcio.

Algunas crónicas de la época reflejaron que en 1988, un sonriente Huberto asistió a la inauguración de los estudios de *Buenos Aires TV Color,* en Parque Patricios, de la mano de Marta McCormack. Mientras esto sucedía, Susana estaba de viaje por los Estados Unidos. Al enterarse, en medio de un ataque de nervios, la diva llamó a su novio y lo insultó sin compasión. Asustado, Roviralta le imploró a su amiga que se comunicara con la estrella para explicarle la situación. Tal vez conmovida por la ridícula escena, Marta tomó el teléfono y habló pausadamente con Susana. Le dijo que Huber era el único amigo varón que tenía, pero que le constaba que estaba muy enamorado de Su.

Esto en parte tranquilizó a la actriz, pero la venganza llegó cuando volvió a Buenos Aires. En Ezeiza la estaba esperando un temeroso Roviralta; la diva saludó fríamente y, lejos de aceptar subirse al auto de su *partenaire*, optó por montarse en el potente *Mercedes Benz* de Spadone, uno de los empresarios teatrales de la obra que estaba representando. La docena de periodistas que estaban en el aeropuerto aún recuerdan la patética escena: Susana a bordo del auto alemán por la autopista Ricchieri, mientras el pobre de Huberto trataba de alcanzarlos acelerando a fondo su gasolero *147*. Conformaban la versión criolla de la dama y el vagabundo.

En cuanto a McCormack, los mal pensados aseguran que bajo su influencia y con la ayuda de la madre de Roviralta —que nunca vio con buenos ojos a Giménez y sí a Martita—, se gestó el cambio de actitud de Huberto en relación con los bienes de su esposa. Parecería que en los últimos tres años el polista decidió abandonar su rol pasivo y comenzó a anotar todos los movimientos financieros y comerciales de su mujer. Esa información iría a parar a una caja de seguridad que no sería precisamente de Huberto, sino de su ex novia.

Sin embargo, el *affaire* con la viuda de Branca también le trajo al ingeniero y a su familia algunos dolores de cabeza. Pobladores tradicionales del country Tortugas recuerdan que al aparecer en la prensa la información que involucraba delictivamente a McCormack con el caso Branca, los ilustres vecinos de Pilar decidieron separar a la familia Maura-Roviralta de la administración del exclusivo reducto. No querían exponerse, bajo ninguna circunstancia, a que el escándalo los rozara.

Pero su relación con Martita es, a decir verdad, la primera de la larga lista de conquistas del marqués. Un lugar destacado ocupa la modelo Anamá Ferreira, quien se vinculó sentimentalmente con Roviralta al poco tiempo de haber llegado a probar suerte a la Argentina, desde su Brasil natal. La mulatona hoy prefiere no recordar la relación que los unió durante casi un año. Lo único que repite es que lo dejó por su avaricia. *"Era incapaz de invitar con algo o poner la mano en la billetera. Así no podíamos seguir"*, sostiene en portuñol la bonita mujer.

BAJO EL DISFRAZ DEL PRÍNCIPE AZUL

Muchas más pasarían por su lado, después del golpe de suerte que significó conocer a Susana Giménez en aquel recordado baile de las princesas, que anualmente se realizaba en el exclusivo *Hotel Alvear*. Lo que pocos saben es que días antes, el polista le había apostado a sus amigos que era capaz de "levantarse" a Susana Giménez, quien por ese entonces comenzaba su impresionante éxito al frente de Hola Susana en la emisora estatal.*

* Es importante detenerse en este punto, ya que el tema de apostar por el corazón de Susana no aparecerá por única vez. También el romance con Jorge

Aquella magnífica noche de noviembre de 1987, bien valía gastar unos cuantos pesos en la compra de la invitación. Como Huberto todavía no formaba parte del *jet set* oficial, no fue requerido por Cruz Ramos Hidalgo, uno de los organizadores, y debió echar mano de la reventa para conseguir una tarjeta que pagó casi cuatro veces su valor. *"Espero recuperar alguna vez esta inversión"*, protestó mientras peleaba por calzarse un viejo esmoquin prestado por un amigo. Lo que nunca supo es que esa entrada —valorada hoy en algo más de 500 pesos— se iba a multiplicar hasta alcanzar casi los 50.000.000 de dólares. Ni en la más generosa mesa de dinero podría haber conseguido tamaño beneficio.

Otro de los problemas que Huberto debía resolver era cómo relacionarse con la gente que aromaba con fragancias importadas el amplio *Roof Garden* del distinguido albergue recoleto. Mirando a su alrededor, de pronto descubrió una cara amiga: allí estaba María Rosa Boldt, esposa en ese entonces de Julio Mera Figueroa, hombre que sería clave en la primera etapa del gobierno menemista.

La dama, conocedora de los atributos amorosos de Huber, le preguntó si tenía pensado conquistar a alguna de las señoritas presentes. Sin inmutarse, Huberto respondió secamente: *"a esa"*, y señaló hacia una de las mesas mejor ubicadas. En ella estaba sentada una espléndida Susana, más rubia que nunca y exhibiendo su hasta entonces magnífica figura, enfundada en un exclusivo modelo de Elsa Serrano. *"Estás loco"*, fue lo único que atinó a decir su ocasional Celestina, y casi desafiándolo continuó diciendo: *"Ni siquiera vas a ser capaz de acercarte"*. Si María Rosa se hubiera dedicado a adivinar el futuro, hoy sería una desocupada más.

Sin miedo y pensando que ya estaba totalmente jugado, el elegante ingeniero se aproximó a la mesa e invitó a la diva a bailar flamenco. Divertida, la estrella aceptó el convite de alguien que le era totalmente desconocido. Se balancearon frenéticamente hasta que

---

Rodríguez, cuentan, habría nacido de una apuesta de éste con su socio Rodolfo Galimberti. Este perfil lúdico traza un paralelismo entre sus dos figuras, que resulta difícil de establecer a simple vista. Roviralta y Rodríguez se parecen en algo. Y también se demuestra que Su es una pieza muy preciada por los cazadores de amores y fortunas.

Giménez le pidió que terminaran porque estaba muy cansada. Roviralta, caballero él, aceptó la sugerencia. Pero cinco minutos después volvió a la carga.

Susana volvió a lanzarse a la pista algo sorprendida, quizá por haberse enterado, durante su breve descanso de la alcurnia de ese hombre que con total desparpajo la invitaba a bailar. Uno de sus compañeros de mesa le habría susurrado algunos datos que la diva no alcanzó a oír con claridad debido al ruido del lugar. Lo único que logró registrar fueron las palabras "marqués y estanciero". Esas fueron ciertamente una especie de ábrete sésamo para esta unión que daría que hablar por más de un lustro.

Mientras volvían a bailar, el ahora bien mirado Huberto le pidió casi con desesperación el teléfono. Giménez, usando un mohín aprendido en sus años de televisión y teatro, lo desafió a conseguirlo por sus propios medios.

—¿No me das tu teléfono?

—Qué atrevido. ¿No sabés quién soy?

—Una mujer muy linda a la que quiero invitar a salir. Dale, dame tu teléfono.

—Si estás tan interesado, conseguílo vos.

—No seas mala, no me hagas trabajar que no me gusta.

Esta última respuesta había sido la más reveladora del polista, quien de esta forma ya le iría adelantando cándidamente sus futuras intenciones. Claro que una mujer deslumbrada por apariencia y abolengo no hace caso alguno de las señales del destino... y Susana siguió dejándose seducir.

Cuando la fiesta terminó, todos los invitados partieron a bordo de sus *Mercedes Benz* y sus limusinas. El último en abandonar el evento fue Roviralta, que se pasó el resto de la noche pensando cómo conseguir el bendito número. Cuando hubo constatado que ya no quedaba nadie en los alrededores, partió raudo a buscar su destartalado *Fiat 147*, estacionado a dos cuadras del lugar. Había preferido no arriesgarse a ser visto en un vehículo tan... típico de la clase media.

Durante algunos días el polista intentó conseguir el teléfono salvador. Pero le resultó imposible. La solución llegó a través de unas fotos. La ya desaparecida publicación *La revista* —una especie de *Hola* del subdesarrollo— había publicado con generosidad todos los detalles del encuentro entre la estrella y el hasta entonces enigmático caballero. Las tomas fueron vistas por algunos amigos en común, y uno de ellos le acercó el número de Giménez. Por primera vez Huberto sintió que la suerte empezaba a estar de su lado.

De inmediato la llamó y la invitó a salir. La conductora, sin superar aún su asombro y halagada por el atrevimiento de aquel hombre, aceptó el convite. Y juntos fueron a ver una aburrida película de Mel Brooks.

Pero si Susana pensaba que la sorpresa inicial provocada por la osadía de Roviralta no podía ser superada por nada, su capacidad de asombro llegó a límites insospechados cuando después de una función de la obra de teatro "Sugar", se encontró con la sonrisa del marqués dibujada detrás del parabrisas de su *147*.

Claro que la visión de algún modo decepcionante fue un tanto apaciguada por el ramito de jazmines que el conquistador le ofrecía a modo de homenaje amoroso. Susana, mujer al fin, se enterneció con

ese gesto y se dijo *"Es un bombón, me lo como todo"*.

Desde la humildad de esos jazmines, el polista había logrado romper las defensas y derretir la aparente frialdad de la estrella.

Diez años más tarde, la humildad de aquel ramito contrastaría terriblemente con los magníficos ramos de rosas amarillas que le enviaba Jorge Rodríguez, el hombre que desplazó a Huberto.

Apuestas y flores: La historia se repetía una vez más.

CASADOS ¿PARA TODA LA VIDA?

PESE A QUE SUSANA no se decidía a cortar definitivamente su relación con Ricardo Darín, Roviralta, con su comprensiva y tenaz paciencia, logró convencer a la diva de los beneficios que podía traer un casamiento. El polista especulaba con que a través de esa unión, la actriz conseguiría borrar en parte la mala imagen que venía teniendo a causa de su vapuleada vida sentimental.

Desde su primer matrimonio con Sarrabayrouse, Susana no había logrado estabilidad amorosa. Pasó Héctor Cavallero, llegó Monzón con su carga de sexo y violencia, después vino el ex basquetbolista Norberto Draghi deseoso de hacerse rico con poco empeño, y finalmente el joven Ricardo Darín, con su humor, su desenfado y su falta total de compromiso. Ninguno le había dado a la estrella lo que íntimamente buscaba: convertirse en Susanita, el mítico personaje de Mafalda que soñaba con casarse y tener hijos. Aunque resulte difícil de creer para sus seguidores, esto era lo que ella siempre había querido encontrar y que la vida, a pesar de sus innumerables éxitos profesionales, parecía constantemente negarle.

De a poco Susana se fue convenciendo de las ventajas de esa unión. Pero la puntada final la dio, sin él advertirlo, el propio Darín al presentar a su nueva novia, la escultural Florencia Bass. La muchacha, nacida en el seno de una reconocida familia de San Nicolás, representaba todo lo que a Giménez le faltaba: era joven, tenía buena figura y lograba mantener la atención total del actor.

Dispuesta a no perder en el juego del corazón, Susana terminó aceptando la sugerencia de Huberto. Además, su matrimonio con el pseudoestanciero prometía endulzarla con otras mieles: la oportunidad de ingresar de una vez por todas al *jet set* patricio. Porque aunque la burguesía local reconocía a Susana como una estrella, todavía le cuestionaba los avatares de su carrera artística. No podían aceptar que esa mujer, vedette en los más importantes teatros de revistas, compañera de Porcel y Olmedo y pareja del desclasado Carlos Monzón, entrara en sus casas para sentarse a su mesa. Una cosa era verla por televisión y otra compartir con ella las aristocráticas fiestas de beneficencia.

La llave para recibirse finalmente de "dama" la tenía Huberto. ¿Qué mejor que un polista para ingresar en el mágico universo de los apellidos ilustres? Ella, además de fama, aportaba una voluminosa cuenta bancaria porque, ya entonces —principios de 1988—, era una de las figuras mejor pagas de la televisión argentina.

La ecuación parecía fácil: Huberto ponía la pátina de distinción y ella el dinero. Nadie se iba a resistir a ese cóctel digno de las revistas del corazón.

El casamiento estaba en marcha. Y ya nadie lo podría parar.

LA FIRMA DEL MILLÓN

El 5 de diciembre de 1988, la pareja se puso frente a la jueza Liliana Sofía Gurevich. La ceremonia se retrasó más de lo necesario debido a la torpeza del futuro esposo, al olvidarse todos sus documentos en su casa. Susana se limitó a mirarlo y a decirle que se volviera a buscarlos. En tono de broma le adhirió el mote de "*boludito*", como algo cariñoso. Años después, ese adjetivo se iba a convertir en una constante, cuando no a transformarse en insultos mucho más gruesos.

(Pero esta no sería la última vez que Huberto se iba a quedar a mitad de camino por sus proverbiales distracciones. En el último viaje que realizaron juntos, el polista debió quedarse en Buenos Aires gracias a un pasaporte vencido y no renovado a tiempo.)

De todas maneras, la ceremonia estuvo a punto de postergarse por otra pérdida de documentos importantes, en este caso de parte de la actriz. Días antes de llegar frente a la jueza de paz, la dama descubrió con horror que le faltaban los papeles que acreditaban su divorcio. Después de revolver cielo y tierra cayó en la cuenta de que el culpable era su abogado. Moviendo influencias la artista logró, en horas, conseguir la copia autenticada que le permitió consumar su casamiento.

Con cuarenta minutos de retraso la feliz pareja llegó a la calle Uruguay a bordo de un *Peugeot 505*, azul metalizado, y custodiado por una docena de guardaespaldas y policías.

De inmediato se vieron desbordados por los periodistas y los casi quinientos fanáticos que se acercaron al lugar. Aun en medio del intenso forcejeo, la diva mostró una impecable sonrisa cinematográfica. El novio, en cambio, puso su mejor cara de malo y más de una vez se contuvo para no pegarle a alguna de las gordas cholulas que intentaban darles un beso.

Cuando subieron al ascensor ambos se abrazaron entre risas y ella le preguntó cómo estaba. El se limitó a contestar *"sano"*, para luego preguntarle a ella cómo hacía para soportar tanto acoso. La reina de los teléfonos le respondió con una frase que encierra toda la filosofía de quienes trabajan en televisión: *"Ellos me dan de comer. Y ahora te van a dar a vos"*.

Enfundada en un colorido traje amarillo, verde, violeta y rosa, y con una capelina violeta, Susana se puso un poquito nerviosa, pero estampó su firma en el libro de actas. Huberto, menos canchero en estas lides matrimoniales, esbozó una mueca y puso su rúbrica debajo de la de la actriz.

La ceremonia duró exactamente catorce minutos y no hubo intercambio de anillos, ya que desde hacía meses usaban alianzas en sus respectivos anulares, a manera de juramento de amor eterno. Los que cronometraron el beso que selló ese especial momento aseguran que se extendió por espacio de cincuenta y cuatro segundos. Los testigos fueron Graciela Borges por parte de la novia y Willie Nash, entrenador de polo de Silvester Stallone, por parte del novio.

Después de la firma, en un acto poco común, la jueza cedió su despacho para que los novios agasajaran a los asistentes al Registro Civil. Quienes lograron entrar degustaron bocaditos de caviar, salmón ahumado, palmitos, jamón crudo y camarones, y una deliciosa variedad de quesos importados, todo regado con el mejor champagne. Pero los aplausos se los llevó la torta de cuatro pisos de mousse de chocolate y frutilla, hecha especialmente para la ocasión.

Los novios estuvieron nueve minutos saludando a sus amistades y luego de un beso muy corto —que registraron en exclusiva las tres cámaras que transmitían en directo para Canal 9—, la pareja huyó rumbo al *Hotel Alvear*.

Antes de que subieran al auto, una niña se acercó y les regaló a los recién casados una muñequita estilo *Barbie* pero con la figura de Susana. En esos días la muñeca se había convertido en un *boom* de ventas y todos soñaban con tener una Susanita en su casa. Un obrero de una construcción cercana se sumó a la alegría popular agitando su casco desde lo alto de un andamio, llegando incluso a poner en peligro su vida. Todos querían estar junto a la diva. Mejor dicho... casi todos.

LA MALQUERIDA

La historia de amor no comenzaba de la mejor manera posible, debido a las notorias ausencias en la ceremonia.

La más sorprendente y sin dudas dolorosa fue la de Inés Maura, madre de Roviralta, al igual que la de su inseparable amiga, Esther Bollini Roca. La dama se excusó de ir a la calle Uruguay y también a la fiesta posterior con pretextos que podrían calificarse de infantiles. Lo cierto es que la relación de su primogénito con Giménez siempre le causó poca gracia, aunque argumentó que para una católica como ella era inaceptable que la ceremonia no se consagrara ante Dios. Así se lo hizo a saber a su hijo.

Días más tarde, y por única vez, la piadosa madre habló con un periodista y explicó las razones de su ausencia.

—Señora ¿por qué no fue a la boda?

—Verá, soy una persona muy católica.

—¿Entonces?

—Yo estoy de acuerdo con el casamiento de mi hijo Huberto con Susana, pero no me parece que la unión sea completa. Iré a la fiesta cuando se casen por Iglesia.

—¿Pero usted está enojada con ellos?

—De ninguna manera.

—¿Con Susana?

—Le vuelvo a repetir: estoy chocha con ellos.

—¿Con ambos?

—Con Su me llevo bien, muy bien.

De todas maneras la noble dama le hizo llegar a su flamante nuera un costoso broche de brillantes, que en su momento Jorge Newbery le había regalado a su esposa Sara, la abuela de Huberto. Susana lo lució con orgullo en su vestido de novia y a cada rato contaba esta historia, como para evitar que los indiscretos invitados le preguntaran las razones de la ausencia de su suegra.

Durante años esa joya fue casi ignorada por la pareja, hasta el momento de la escandalosa pelea, cuando Roviralta se la reclamó airadamente. En realidad él estaba traduciendo lo que días antes le había recriminado su madre. La señora quería a toda costa recuperar la joya de la familia, quizá por ser este el último recuerdo de una etapa más gloriosa de la saga Roviralta, cuando ninguna "bataclana" oscurecía el limpio cielo de los estancieros.

Pero esta no sería para Su la única ausencia dolorosa en ese mediodía. Tampoco concurrieron su hija Mercedes y su yerno Eduardo Celasco. A la chica mucho no le había gustado que su madre la hubiera obligado a concurrir a su último programa. A Celasco, en cambio, el polista le caía muy simpático. En la intimidad ambos hombres se entretenían, manteniendo extensas charlas sobre una materia que manejan muy bien: las mujeres. Esas tertulias los llevaron a establecer una relación de amistad que se reforzaría a lo largo del tiempo. Tanto que juntos pusieron en práctica una buena parte de la teoría amorosa con la que ambos comulgan.

Mercedes Sarrabayrouse y Celasco sí tuvieron que asistir a la fiesta del *Alvear*. Los gritos de Susana se hicieron escuchar y lograron intimidar a la jovencita. *"Si no venís me vas a hacer pasar una vergüenza bárbara. Te imaginás lo que van a decir todos si mi hija no viene al casamiento. Si no venís, te mato. Sos mi hija y me tenés que obedecer"*, apuntó con precisión maternal la dueña de los mediodías televisivos. Y Mecha fue.

Algo similar sucedió con su ex Ricardo Darín y su esposa Florencia Bass. La excusa para no ir al civil fue atendible: él tenía que grabar escenas de Estrellita mía, telenovela que protagonizaba por ese entonces en Canal 11 junto a Andrea del Boca, y su mujer estaba con el tema de su embarazo. Eso sí, por la noche asistieron puntuales a la mega fiesta del *Roof Garden* y fueron una de las parejas más divertidas de la velada. Incluso se dejaron fotografiar junto a Susana y Huberto bailando alguna de las pegadizas canciones de Donald, cantante que le puso ritmo a la magnífica noche.

La última ausencia de peso fue la de Jorgelina Aranda. La legendaria secretaria de Roberto Galán y durante muchos años íntima amiga de la estrella, no sólo por estos detalles era una invitada importante, sino que además iba camino de convertirse en la consuegra de Su; su hijo Eduardo era el novio de Mechita.

La fiesta del año

El evento fue calificado por los medios como la fiesta del año y quienes así lo bautizaron no cometieron ningún exceso. Todo se desarrolló en el soberbio salón *Roof Garden* del exclusivo *Hotel Alvear*, enclavado en la tradicional zona de Recoleta. El lugar había sido reacondicionado en las últimas semanas y fue cedido gratuitamente por Mario "Bollito" Falak, dueño del albergue y tiempo después hombre clave en el menemismo que ya se preparaba para gobernar. Claro que el generoso regalo del empresario escondía un fin concreto. El pensó, con razón, que el casamiento le iba a servir para promocionar sin poner un peso las bondades de su comercio. Todas las crónicas periodísticas hablaron de la belleza del salón y lo describieron con lujo de detalles. Lo que nadie dijo fue que al hombre de negocios este obsequio le habría significado finalmente una erogación de casi 150.000 dólares.

A quien no le fue tan bien en el menester promocional fue a Elsa Serrano. Pese a que le había ganado la pulseada nada menos que a Gino Bogani y a Manuel Lamarca para quedarse con el diseño del traje de ceremonia, la movida le habría costado algunos dólares de más.

La itálica diseñadora se ganó el honor de vestir a la novia cuando interpretó a la perfección el extraño pedido de Susana: *"Quiero un vestido parecido al que lució Scarlet O'Hara en 'Lo que el viento se llevó'"*. La modista le envió los bocetos y la diva se sintió comprendida por lo que no dudó en elegirla. Pero antes le aclaró que el lucimiento del traje no iba a ser gratuito. *"Imagináte la prensa que vas a tener, Elsita"*, le aseguró la estrella a la reina de los alfileres. A Serrano no le costó mucho entender la indirecta y le prometió un set de vestidos de su autoría y una suma de dinero que algunos ubican en los 5000 dólares.

Lo cierto es que la diseñadora y un nutrido grupo de colaboradores trabajaron *full time* para transformar los veinte metros de seda natural en el soñado vestido de novia. A eso se le agregaron veinticinco metros de encaje chantillí, treinta metros de tafetán y sesenta botones en la espalda que, previo a la fiesta, Serrano tardó veinte minutos en abrochar. Ante esa cantidad de accesorios Susana comentó muy risueña: *"Esta noche Huber no me los va a desabrochar, me los va a arrancar"*.

Cinco días llevó el trabajo de poner todo a punto. El traje tenía incluso tres enaguas, dos de seda natural y otra de encaje. Las seis modistas que cosieron casi sin dormir no quisieron oír hablar más de Susana. Al constatar el resultado final, la italiana se dio cuenta de que esa era su mejor creación. Después de vestirla se sentó en la cama de la suite del *Hotel Alvear* y descansó por unos minutos. Lo había logrado.

La elección del peinado no fue tan complicada como la del vestido. Susana no dudó en encomendarle esa tarea a su gran amigo Miguel Romano, el peluquero de las estrellas. Además, era una manera de devolverle todos los favores y el cariño que le había brindado siempre el *coiffeur*.

Claro que esa devolución de favores nunca se iba a terminar y, muy por el contrario, se ampliaría con el paso del tiempo. En realidad Miguelito merecía el honor porque esa noche, al elegir a Susana, había dejado plantada nada menos que a la archimillonaria Amalita Fortabat, hasta el momento su mejor clienta.

Puesto entre la espada y la pared, el peluquero decidió peinar a Giménez y no tener en cuenta a la dueña del cemento, que le había pedido que se encargase de su nieta Bárbara Bengolea, quien también se casaba por esas horas. El desplante le costó la amistad de la empresaria y la ejecución de una deuda de 120.000 dólares que el hombre tenía con ella por la compra de una espectacular casa —que alguna vez perteneció a Don Hipólito Yrigoyen—, ubicada en Ingeniero Maschwitz.

Pero en este caso también talló la relación con Su. Fue ella la que un día, ante la posibilidad del remate de esa mansión, se apersonó en el local de Romano y le entregó la suma necesaria para quitarse de encima la inquietante sombra de la cementera.

A cambio, Susana se adjudicó una zona especial en la peluquería, donde puede estar alejada de las curiosas miradas de las otras clientas. Incluso cuando Jazmín irrumpió en la vida de la actriz, el perrito tuvo todas las libertades para usar y abusar del local. Tanto que si le venían ganas de ejercer sus perrunas necesidades, un solícito empleado de Miguelito prontamente recogía los regalos del pequeño y malcriado can, varoncito pero con nombre de nena.

Esa noche Romano se lució con el espléndido tocado que creó para adornar la cabeza de la estrella. Con un rodete y varias orquídeas, Susana resplandeció como nunca y pudo además superar la terrible jaqueca que la acosó en las horas previas.

En aquel momento responsabilizó de su mal a alguna brujería que, sospechaba, le estaban haciendo. En más de una oportunidad y ante cada embestida de dolor, le comentó al peluquero que alguien estaba pinchando su foto. Años después se descubrió que esa jaqueca tenía que ver con un problema en la base de su cerebro y que la obligó a internarse a fines del '94 en la clínica *FLENI* del barrio de Belgrano.

EMBRUJADA

Este temor a lo sobrenatural y lo oculto no es nuevo para la estrella. Siempre tuvo una inclinación muy marcada por conocer su destino y cree tanto en brujerías como en "trabajos de magia". Las consultas a manosantas y astrólogos de todo pelaje son rutinas habituales en su vida.

Con quien comparte esta fascinación por lo esotérico es con Graciela Alfano quien, Susana está convencida, usaría estas ocultas armas para librar una guerra que la tiene como enemiga. Sus allegados aseguran que cuando la sorprenden los dolores de cabeza o sus asuntos no marchan muy bien, Giménez piensa siempre en las "malas ondas" de su blonda rival.

Esta manía persecutoria comenzó cuando le dijeron que la ex de Capozzolo había ido a una bruja para hacerle un mal y lograr así su fracaso. De todos modos, la discordia entre ambas se remonta a una vieja nota publicada por la revista *Gente*, en la que una joven y soberbia Alfano les pedía a las modelos *"veteranas como Susana Giménez"* que les dejaran el camino libre a ellas, las jóvenes.

Susana nunca le perdonó tamaña grosería y se lo demostró utilizando su mejor arma: jamás la invitó —ni la invitará— a su programa. Como contraataque, hace algunos años la ex conductora de El periscopio encontró su foto pinchada con alfileres en un estudio de ATC y de inmediato culpó a su archienemiga.

LOS INVITADOS DE ARRIBA Y LOS DE ABAJO

La luna de miel fue un regalo de Ovidio García, productor del exitoso ciclo Hola Susana. Los pasajes tenían como destino la paradisíaca isla de Saint Thomas. Al recibirlos la conductora no supo cómo agradecer tamaña deferencia. Sólo se limitó a repetir hasta el cansancio: *"Sos divino, sos divino"*. Con el tiempo, esa demostración de cariño se convertiría en interminables insultos. Sobre todo cuando recibió la terrible noticia del juicio por 20.000.000 de dólares que le ganaba su ex mano derecha, por los derechos de autor del ciclo televisivo. Ovidio ni se inmutó ante la catarata de injurias. El sabía que lo mismo había sucedido cuando ambos traicionaron a Raúl Naya, el primer productor del espacio cuando se emitía por ATC, antes de que se mudara a Canal 9.

Finalmente, como broche de oro de la boda, la televisión se encargó de darle el marco popular y masivo que merecía el tan esperado acontecimiento. Por eso el día elegido para casarse fue un lunes, en el mismo horario en que semanalmente aparecía la diva con sus millonarios llamados.

Con la conducción de Silvia Fernández Barrios —que tuvo que adelantar su vuelta de los Estados Unidos— y Jorge Formento, todo el país pudo vivir, como un invitado más, la magnífica fiesta. Sumando *rating*, la audiencia tuvo el privilegio de emocionarse al observar a la flamante pareja bajando por una espectacular escalera de mármol, bajo una lluvia de globos rojos y blancos y con la música de la obra "La mujer del año" como *leit motiv*. En lo que muchos no repararon fue en que a los pocos metros, Susana se separó de Huberto y lo dejó solo detrás de ella. Se comenzaban a marcar las diferencias.

Minutos más tarde de la espectacular entrada, en la pista se sacudían codo a codo lo más granado del *jet set* nacional y lo más representativo de la farándula local al ritmo de "Bailando en el Alvear", interpretado por Donald. Mientras Arturo Puig y Selva

Alemán atacaban un canapé, a centímetros nada más, Isabel Alzaga de Anchorena y Felisa Rocha Alvear de Quesada competían por una misma copa de champagne.

La lista de invitados se completó con Carlitos Perciavalle, Bernardo Neustadt y su ex esposa Any Costaguta, Mirtha Legrand y Daniel Tinayre, Liliana Caldini, Estela Raval, Gerardo Sofovich, Nacha Guevara, Cacho Steimberg, Gino Bogani, Susana Traverso, Juan Carlos Calabró, Carlos Rottemberg y Linda Peretz, Graciela Borges —que le gritó *ídola* apenas la vio bajar por la escalera—, China Zorrilla, Carmen Yazalde, Alejandro Romay, Ante Garmaz y Ginette Reynal, y otros acostumbrados a los innumerables flashes.

Entre los portadores de apellidos ilustres se destacó la figura del príncipe iraní Kamyar Fassa, quien había llegado especialmente invitado para la ocasión. Infidentes de aquella época aseguran que el visitante tuvo que soportar un verdadero desfile de señoritas con aires felinos, que hacían cola para complacer sus deseos. Los más audaces sostienen que algunas de ellas llegaron por expresa recomendación de Huberto y sus amiguitos.

Nobles y plebeyos pudieron saborear por igual un menú más que exclusivo, en el que se destacaban la *vichyssoise* con caviar beluga, la mousse de salmón ahumado con salsa de ciboulette, *Tournedos Orloff* con *puré duchesse*, puntas de espárragos y zanahorias glaseadas, sorbete de limón, *omelette surprise*, café y mignardises.

Cuando la fiesta terminó los casi sesenta mozos, los seis maîtres y los cuarenta empleados de cocina que se ocuparon de atender a los comensales se agruparon en un rincón para intercambiar la información más relevante de la noche. Un comentario especial merecieron los fabulosos regalos que la pareja había recibido y que vale la pena recordar, sobre todo porque también serán parte de la tormentosa división de bienes que en la actualidad enfrenta al matrimonio.

LA LISTA

Mirtha Legrand y Daniel Tinayre: dos bandejas de plata.
Marcela Tinayre y Teté Coustarot: una antigua estatua de mármol.

Estela Raval: un juego de toilette de cristal.
La madre de Susana: una lámpara con caballo de Rossi y Carusso.
Los hermanos Spadone: un juego de cubiertos de plata.
Alberto Heguy: dos canastos de plata.
Hugo Sofovich: una bandeja de plata.
Selva Alemán y Arturo Puig: una lámpara de pie.
Graciela Borges: una lámpara de piedra semipreciosa.
Bernardo Neustadt: dos portabotellas de peltre para vino.
Susana Traverso: una bandeja de plata.
Tita Rouss (la ex mujer de Olmedo): una jarra de plata antigua.
Pió Roviralta (Hermano de Huberto): una valija (regalo premonitorio).
Pepe Parada: un cuadro de Carlos Alonso.
Nacha Guevara: un cuadro.
Amalita Fortabat: un reloj pulsera de oro y platino.
Gerardo Sofovich: un reloj de mesa.
China Zorrilla: una mesa realizada especialmente con la cara de Susana y papel de carta con membrete con el nombre y apellido de casada.
Mario Falak: además del salón, un crucero por el Caribe y toda la estadía de la luna de miel.

Mientras todos se deslumbraban con los obsequios, Susana y Huberto hacían *zapping* en un viejo televisor ubicado en la suite del sexto piso. El suntuoso cuarto había sido especialmente decorado para la ocasión por Carlos Christiansen, ex de Graciela Borges y padrino de la boda por parte de la diva.

Sin embargo, la noche le iba a deparar a Su una sorpresa extra. Cuando intentó hacerle algunos mimos a su flamante esposo, no sin asombro descubrió que el hombre de campo, acostumbrado a levantarse con el alba y el canto de los gallos, se había quedado profundamente dormido. Refunfuñando, la actriz se dio media vuelta y soñó que todo cambiaría cuando llegaran al Caribe.

EL DIARIO DE LA LUNA DE MIEL

La luna de miel de Susana y Huberto fue una de las más promocionadas y fotografiadas de la historia del espectáculo. Junto al flamante matrimonio viajaron un camarógrafo y un periodista que los siguieron sin descanso. Excepto los encuentros íntimos, que se supone se habrían producido en las habitaciones, todos los demás actos de la pareja fueron retratados por los medios.

Paralelamente, la estrella fue escribiendo un meticuloso diario personal, en el que reflejó las vivencias de aquel momento de intensa felicidad. Haber recuperado hoy esa narración —que fuera publicada por la revista *Gente*— es fruto de una tarea arqueológica, y la diva seguramente sueña con que se haya borrado para siempre.

Sin embargo, el diario describe aspectos de la relación y características de la personalidad de los recién casados que pueden ser reveladoras. En las siguientes páginas se vislumbra la adicción de la conductora a salir de compras, sus desvelos por el cuidado del cuerpo, la facilidad de Huberto para dormirse en contraposición al insomnio frecuente de su esposa y... la tendencia que ya sentía el polista por las señoritas. Pero, lo más importante, puede leerse una declaración de amor que la estrella le habría hecho a su marido y que sin duda hoy es parte de un pasado que pretende sepultar.

MIÉRCOLES 27, A MEDIA MAÑANA

Comienzo este diario un poco a pesar mío porque soy una escritora muy desordenada, muy errática y quizá demasiado emocional. Pero ocurre que con la videograbadora portátil que trajimos con Huberto va a ser imposible registrar todos los momentos inolvidables que nos esperan. Así que con las imágenes y estos apuntes pienso hacer un diario de luna de miel que será el mejor regalo que me haga a mí misma.

MISMO DÍA, UNA HORA DESPUÉS

Me estoy anotando mandarle una tarjeta de Navidad a Ovidio García, el productor de mi programa de televisión. Su regalo fue sensacional: nos pagó el viaje en primera clase hasta Saint Thomas. ¡Seguro que se gastó más de 5000 dólares! Me tengo que acordar de ponerle en la tarjeta que viajamos bárbaro, comiendo caviar y tomando champagne francés.

MISMO DÍA, POCO ANTES DEL MEDIODÍA

Me siento terrible. Viajé toda la noche sin poder pegar un ojo. Huberto en cambio durmió como un tronco y eso me irritó más.

Llegamos a Saint Thomas a las 9.40 y empezaron los líos: el minibus del hotel no nos estaba esperando y nos tuvimos que tomar un taxi.

En el aeropuerto me miré al espejo y casi me desmayo. "¿Por qué no nos fuimos a Marpla, mi amor?", le dije a Huberto. El me hizo un chiste, pero yo hasta que no duerma voy a estar imbancable.

MISMO DÍA, DESPUÉS DEL ALMUERZO

Cansada y todo sigo copada con la suite que nos dieron en el Frenchman's Reef, el mejor hotel de la isla: es toda rosa, con ventanas y balcón al mar. Salió bastante cara (250 dólares diarios), pero vale la pena. María Martha Serra Lima me lo recomendó fervientemente y tenía razón. El hotel es una miniciudad: 520 habitaciones, todas con teléfono, televisión por cable y balcón privado. Seis restaurantes, dos night clubs, dos piletas de natación, negocios finísimos abiertos día y noche y la mejor playa que yo haya visto en mi vida.

Realmente es así. Cada mañana lo primero que voy a hacer cuando me despierte es abrir el balcón y ¡tirarle besitos al horizonte!

Mismo día, primeras horas de la tarde

Claudia Sánchez, que tiene una casa aquí, también tiene razón. El lugar es encantador pero le falta la prestancia, la elegancia y el charme europeo. Le faltan también las brisas de Acapulco y la comida hasta ahora no me pareció buena.

Mismo día, poco antes de acostarse

Hicimos una siestita y me siento bárbara. Salimos con Huberto a dar una vuelta por el pueblo, que se llama Charlotte Amalie en honor a una de las primeras reinas dinamarquesas. Es una mezcla de centro comercial y lugar de encuentro de piratas. Se nota que la gente es muy alegre y vive a un ritmo muy diferente al nuestro. Me morí con la galería Palm Passage: están los mejores negocios de ropa que mezclan los bordados tradicionales de la isla con toques europeos. No puedo resistir y me pongo a comprar chucherías para las Navidades. Un par de zapatos de gamuza marrón y tres remeras para Huberto, un collar de corales para Mecha y dos suéteres bordados para mí. Ya muertos y cansados de dar "tarjetazos", terminamos la noche en el fuerte cristiano, un refugio que construyeron los primeros colonizadores y que ahora tiene un restaurante llamado "El morro". Sirven comida supuestamente española pero es ¡horrible! Me tomo un digestivo y nos vamos a dormir.

Jueves, 8 de la mañana

Me despertó Hanglin desde Buenos Aires. ¡Lo quiero matar! ¿Qué pretenden que diga a esa hora de la madrugada sin haber dormido la noche anterior? Los periodistas son simpáticos y los quiero, pero me tienen harta. Con Huberto vinimos soñando con estas vacaciones íntimas todo el año pero ¿con quiénes nos encontramos al llegar? Periodistas y fotógrafos siguiéndonos día y noche. Además no me dan tregua. Les dije que estoy blanca, que me den un par de días para no parecer tuberculosa en las fotos. Ni cinco. Quería también hacer un poco de gimnasia para bajar la celulitis de las piernas y los tres o cuatro kilos de más que tengo antes de ponerme la bikini. Ni cinco. ¡El cierre, las tapas, los odio...!

JUEVES, MEDIA MAÑANA

Nos metimos en el agua por primera vez. Es tan clara que te ves los pies. Huberto estaba blanquísimo y se pasó con el sol. ¡Está tan rojo que esta noche va a tener que dormir en la bañadera! Estoy hambrienta. Decidí no tomar desayuno para ver si bajo los kilitos de más. ¡Qué suerte tiene Huber! Se come todo y no engorda. Hasta se da el lujo de tomarse dos o tres cervezas diarias como si nada.

JUEVES, DIEZ DE LA NOCHE

Fuimos a comer a The Greenhouse, *comida rápida y americana. Huberto otra vez se comió todo. Tomó cerveza, se comió un salpicón de frutos de mar y después un helado. Sí, sí señores... me casé con un flaco. Yo me tuve que conformar con un pollito gratinado. Al volver, Huberto se durmió en seguida. Esa es una de las cosas que menos me gustan de él. El vive de día y yo de noche. Pero lo quiero tanto que me la banco igual. Nosotros dos somos una risa. Según él, la pichulera de la pareja soy yo. Pero yo opino que es él. ¿Por qué? Porque anoche, por ejemplo, la cena salió 91 dólares y yo le dije al mozo que nos trajera el vuelto de los 100 dólares que le había dado Huberto. Cuando le trajo el vuelto, Huberto le dió exactamente lo que marca la ley de propinas. ¿Eso no es ser pichulero? Bueno, pero según él esa soy yo porque cuando me ofrecieron un coco por la calle y el hombre me dijo: "Deme lo que quiera", yo saqué un billete de un dólar y se lo di. Huber dice que fue poco, muy poco. ¿Cuánto quería que le diera? ¿Quién será más pichulero de los dos? Me voy a dormir, no puedo más.*

VIERNES, ANTES Y DESPUÉS DEL MEDIODÍA, EN LA PLAYA DEL HOTEL

Huberto se queja de que no tiene lugar en el baño para poner sus cosas. Y tiene razón. Ese es un defecto mío, desparramar mis cosméticos, mis maquillajes por todos lados. Pero él es un desordenado, aunque ahora menos que antes. Antes, por ejemplo, iba dejando caer la ropa donde fuera a medida que se cambiaba. Al terminar, la habitación era un lío. Después yo protesté y él intentó cambiar. ¡Ahora por lo menos hace un bollo con la ropa y la deja en el mismo lugar!

Pero Huber es un divino, lo adoro. Tiene un sentido del humor fenomenal. Está siempre de buen ánimo, es buen compañero... Ayer, cuando salíamos del restaurante me paró una negra que me hacía señas para hablarme al oído. ¿Qué me dijo? "¡Que bueno está tu marido!" Casi la mato.

VIERNES, DESPUÉS DE LA CENA

Estoy enojada con Huber. Es un descuidado. Se pasó todo el día mascando chicles y sabe que en las fotos que nos están haciendo sale con la boca y la cara deformadas. Me enferma que sea tan distraído. Hoy me puso la toalla nueva encima de la piel con bronceador y la manchó toda. Ahora se durmió otra vez temprano, después de ver un poco de televisión. Y aquí estoy otra vez despierta y sola. Me voy a poner a leer. Me traje dos libros bárbaros. La biografía de la bailarina Isadora Duncan y La Serpiente y el Arco Iris, *una historia de magia, zombies y vudú, temas que siempre me interesaron.*

MADRUGADA DEL SÁBADO, TODAVÍA DESPIERTA

La lentitud de la gente de la isla me pone nerviosa. Todo es lento. Quizá yo sea demasiado ansiosa, excesivamente eléctrica. Huber es mi cable a tierra. El es calmo, paciente, contemplativo. Lo peor es que la única cosa que me tranquiliza es comprar, consumir. Soy adicta a las compras. ¡Qué horror ser así! Huber está acurrucado como un bebé. Lo voy a tapar de besos y me voy a dormir abrazada a él. Mañana sigo.

SÁBADO, DESPUÉS DEL DESAYUNO

La remolona hoy fui yo. Nos levantamos tarde, por eso pedimos el desayuno en el cuarto. Hoy nos dimos cuenta de que ninguno de los dos planeamos las cosas con mucha anticipación. Más bien improvisamos sobre la marcha. Eso nos encanta.

Vamos a hacer un crucero pero no queremos que sea de esos gigantescos transatlánticos que paran unas horas en cada isla. Te ponés como un cerdo por lo bien que dan de comer y te hacen pasar por centros comerciales para que los pasajeros gasten. Esas no son vacaciones.

SÁBADO MEDIODÍA, ANTES DEL ALMUERZO

Hoy me sentí marinera y me puse un conjunto que me compré en la isla, de pantalón cebra, camisa bordada, tiradores y cinturón rojo con tachas.

Yo quería estrenarlo en la Argentina pero me agarraron los fotógrafos y me lo quemaron. Me parece que se lo voy a regalar a Mecha.

Volví a ir de compras. Entre en Luisa *donde me compré tres carteras deliciosas por 265 dólares. Una roja, otra dorada y una tercera negra para la noche. Después con Huber alquilamos un taxi acuático y nos fuimos a recorrer la bahía. ¡Estoy muy feliz! Mejor: nunca fui tan feliz.*

SÁBADO, CERCA DE LA MEDIANOCHE

Hoy fue la primera vez que nos vestimos bien para cenar afuera. Elegimos el restaurante Chez Jacques, *en el distrito francés, bien refinado y paquetón. Huber se puso pantalones blancos y blazer azul, pero sin corbata. Yo me vestí con pantalones negros y un suéter amarillo bordado. Comimos caracoles y fetuccini a la Alfredo. ¡En un restaurante francés! Es que teníamos ganas de comer pastas. Intentamos ir a recorrer la ciudad pero nos dijeron que no era conveniente así que decidimos volver al hotel. Nos sentamos a tomar un café en la terraza, contemplando el mar y las luces a lo lejos. Fue divino. Nos besamos tanto en esa terraza que cuando nos fuimos unos americanos aplaudieron.*

DOMINGO, UNA DE LA TARDE

Lo del paracaídas acuático fue fantástico. El que se asustó fue Huber cuando nos hicieron volar de golpe de veinte metros a más de cien metros hacia arriba. Yo ni me di cuenta. Más que a una caída yo le tenía miedo a los tiburones, aunque los instructores repetían a cada rato que allí no había. La chica rubia que nos atendió era una diosa. A Huber se le fueron los ojos, pero lo tengo domesticado. Después de un par de enojos míos, ya ni mira a las mujeres lindas. No doy más del hambre. Vamos a comer un sandwich a la playa.

DOMINGO, UNA Y MEDIA DE LA MADRUGADA

Estoy muerta, pero quiero escribir esto para no olvidarme. Pasamos una noche divertidísima. Bailamos como adolescentes.

¿Por qué será que cuando uno se casa hace balances? ¿Habré hecho bien? ¿Será este el hombre que me acompañará por el resto de mi vida? No son dudas, entendámonos. Son preguntas que vienen de adentro. Flashes para iluminar la conciencia. De una cosa estoy segura: este es el hombre que amo y este es el hombre que me ama a mí.

Lo demás no importa.

REGLA DE TRES

CUANDO REGRESARON de la soñada luna de miel —donde debieron compartir cada momento íntimo con los periodistas de la revista *Gente* que tenía la exclusividad—, Susana se instaló en la ciudad cordobesa de Villa Carlos Paz para encabezar la comedia musical "Sugar".

En ese paraje serrano comenzaría a gestarse un jueguito sentimental con Ricardo Darín que durante años dominaría la escena. Pese a su ruptura, los ex disfrutaban mostrándose como "superados" respecto de la relación que los unía, y no cesaban de caminar al borde de la cornisa. Se reían, se mimaban, se acariciaban y jugaban con el morbo de la gente hasta límites insospechados. Ni a Huberto ni a Florencia les gustaba demasiado la situación, pero la soportaban resignadamente.

El único que se atrevió a pronunciarse en voz alta sobre el tema fue Carlos Monzón. El ex campeón mundial, con su devastadora claridad de lúmpen, aseguró públicamente: "*Yo no sé cómo ese Huberto se banca que Susana se muestre con el otro. Yo no se lo permitiría ni un minuto. A mí nadie me relojea mi mina*". Todos sus interlocutores le creyeron, porque ya el boxeador había dado muestras de su instinto animal a la hora de defender amores y pasiones.

Aún recuerdan, por ejemplo, cuando Norberto Draghi se aprovechó de la situación de una Susana recién separada de Monzón para comenzar a consolarla de manera más que amigable. Enterado de esto, el santafesino no dudó en enviarle un amenazante mensaje: "*Donde lo agarre lo voy a matar. El era mi secretario. Yo le dejaba usar mi ropa, mi perfume y ahora se quiere quedar con mi mina. Le aviso que no le conviene cruzarse en mi camino. Si él llega a un lugar donde estoy, mejor que se cruce de vereda porque lo voy a aplastar".*

Monzón no sólo se valió de las palabras sino que intentó llevar sus dichos a la práctica, ya que por varios días recorrió frenéticamente los boliches nocturnos donde el basquetbolista paseaba su figura de galán. Devorado por los celos, una madrugada pulsó el portero eléctrico de la casa de Susana. La inconfundible voz del pugilista amenazó con matar al "pajarito" que supuestamente estaba en el interior del inmueble. Nadie respondió. Draghi, por las dudas, se quedó todo un día escondido en el departamento, rogando que el boxeador se cansara y se fuera.

Con estas contundentes pruebas, el rubio galán decidió comprarse un arma y portarla en todos sus desplazamientos. Previamente proclamó que la iba a usar en defensa propia, si el "Negro" se le acercaba a menos de cien metros. Por suerte, esto nunca sucedió.

Pero Susana no recordaba esa experiencia y, amparada en la pasmosa tranquilidad de Roviralta, decidió alquilar su casa en la villa cordobesa pegada a la de su ex Ricardo Darín. Lo único que los separaba era la medianera.

Para regodeo de la prensa, que intentaba rescatar algún atisbo de escándalo que sirviera para llenar la tapa de un verano que pintaba muy aburrido, ambas familias, como los Campanelli, lo compartían todo. Huberto se levantaba temprano y se iba a practicar polo a un pequeño club ubicado a veinte kilómetros de su casa. Florencia Bass, con su panza de ocho meses, para no presenciar un espectáculo que le resultaba algo desagradable, se quedaba en su casa tomando mate con Mercedes Sarrabayrouse. En cambio Darín y Susana preferían despertarse después del mediodía y desayunar juntos en la casa de la diva. Mientras que el joven siempre tenía buen apetito, ella prefería ingerir enormes vasos de jugo de pomelo con edulcorante. Todavía debía bajar los casi cinco kilos de más que había traído de su periplo caribeño y que ya formaban parte de la terrible obsesión de la actriz con su figura.

ESPEJO, ESPEJITO

Su tendencia a engordar con facilidad, al igual que sus proverbiales tobillos anchos que la avergonzaban a la hora de fotografiarse, fueron dos molestos fantasmas que acompañaron a Susana Giménez durante toda su carrera. Para combatir sus problemas de peso, la actriz recurrió a todos los sistemas disponibles en el mundo, desde las dietas clásicas hasta un chino uruguayo que prometía tener la fórmula para reducir kilos milagrosa y rápidamente. El tratamiento —al que ya se habían sometido Maradona y Sandro— daba resultado de manera temporal, porque la tentación por las comidas abundantes podía siempre y finalmente más que los esfuerzos de la artista.

Por eso volvía a la ingesta casi excesiva de diuréticos para eliminar los líquidos que retenía. Sus productores ya se habían acostumbrado a sus locas carreras al baño, incluso en medio del programa. Como para evitar que esas escapadas impidieran seguir con el ciclo, las autoridades de Canal 9 decidieron construir un toilette privado dentro del Estudio Nueve del pasaje Gelly. El retrete quedaba justo detrás del decorado principal que usaba la dama en ese set. El estudio que ocupaba también había sido levantado exclusivamente para uso de Susana por Alejandro Romay, e incluía detalles como un aire acondicionado mucho más potente que el de los demás recintos y el acceso restringido sólo a las personas de mayor confianza.

Tiempo después, y para no quedar en una segunda línea, fue Mirtha Legrand la que consiguió un trato similar al de Susana, cuando se apropió de los flamantes estudios de la calle México para enviar desde allí, en exclusiva, sus ya clásicos almuerzos.

Pero ese no fue el único arreglo que hizo la emisora de la palomita para congraciarse con la estrella. Tuvieron que refaccionar además varias oficinas de producción y en una de ellas colocar un camarín y un baño dignos de una estrella de Hollywood. Aunque la apoteosis del divismo se produjo cuando Giménez solicitó la instalación de un ascensor privado, para que la transportara desde sus oficinas en el primer piso hasta la planta baja donde se encontraba su decorado. Cuando ella se mudó de canal, nadie más usó ese elevador y el óxido ganó definitivamente el monumento erigido para satisfacerla.

Lo cierto es que a todo consintió el otrora zar de la televisión para mantener contenta a su zarina. Pero lo que no midió don Alejandro fue que años después, ella iba a olvidar cada uno de esos detalles y lo cambiaría por las luces de Telefé.

En realidad, lo que sedujo a Susana fue la promesa por escrito de protagonizar por lo menos nueve tapas anuales de la revista *Gente*. Ocupar las primeras planas siempre fue el mejor alimento para su alma. En esa etapa exigió y logró que sus fotografías las realizara su fotógrafo personal. Debían, además, ser elegidas por ella antes de ser editadas en cualquier medio gráfico. Hasta *Caras*, competidora acérrima de la publicación de Editorial Atlántida, tuvo que adecuarse a esa arbitraria medida.

UNA CIRUGÍA TECNOLÓGICA

Su pase a Telefé no sólo significó la aparición constante en las revistas de la emisora sino que también le trajo una "mágica" solución para su complejo con los tobillos y la balanza.

Un día, el jefe técnico de Telefé le anunció que el canal tenía un aparato de última tecnología, llamado ADO, que lograba estirar las imágenes. Escuchar eso y pedirlo fue parte de una misma acción. Gustavo Yankelevich atendió el ruego de la actriz pero le aclaró que ese sistema sólo estaba instalado en el estudio mayor de la emisora y que no se podía trasladar a la calle Luis Saenz Peña, desde donde se emitía Hola Susana. Si quería gozar de las ventajas del aparato debía mudarse a la calle Pavón para hacer los musicales.

Susana no lo dudó. A partir de ese momento comenzó por fin a disfrutar de sus pasos de baile sin sentirse avergonzada, gracias a la operación de afinamiento tecnológico a la que fueron sometidas sus piernas.

La estratagema se descubrió tiempo después, cuando los muchachos de Mario Pergolini registraron una leve falla en el ADO que se percibió en pantalla. La "gastada" de los conductores de Caiga quien Caiga afectó seriamente el ego de Susana y le valió una dura reprimenda al operador encargado de esa maravilla técnica.

Ese suceso provocó además que la actriz se resintiera definitivamente con el ex conductor de La TV ataca. Incluso llegó a pedirle a

Yankelevich que intercediera para evitar que se siguieran mofando de su figura. El jerarca de Telefé nada pudo hacer. Semanas antes le había pedido al locutor que abandonara las chanzas referidas a su esposa, la eternamente joven Cris Morena. Y dos pedidos del mismo tenor y por causas similares eran demasiado, incluso para él.

LAS OTRAS MUJERES... Y LOS OTROS

EL ÚNICO NUBARRÓN QUE EMPAÑÓ el final del verano cordobés fue el nacimiento de Ricardito Darín, el hijo de su ex. Superado el primer momento de alegría por la noticia, Susana se sumió en una profunda depresión. Durante varios días se cuestionó su pasado, su futuro, su posible maternidad y sintió, por sobre todas las cosas, que había perdido definitivamente a "Richard". Y lo peor, que él le había dado a Florencia lo que se había negado a entregarle a ella: un heredero.

Nunca se lo iba a perdonar, aunque la amistad entre ambos se iba a consolidar de cualquier modo y casi hasta hacerse indestructible.

Ya en Buenos Aires, durante el primer año de matrimonio la relación entre Susana y Huberto se desarrolló con bastante normalidad. Ella iba trepando a pasos agigantados la cumbre del éxito televisivo y él se acomodaba en su nuevo papel de príncipe consorte, que le traía como consecuencia una relación fluida —aunque tirante— con la prensa.

En uno de esos encuentros periodísticos, Roviralta se atrevió a pedir la formación de una especie de sindicato de terratenientes que sirviera para pelear por mejores condiciones para los hombres de campo. Y para encabezar ese movimiento gremial bastante atípico, había pensado en sí mismo. De inmediato todos los medios especializados comenzaron a llamarlo *"el Saúl Ubaldini de la oligarquía"*. El esposo se dio cuenta entonces de que cualquier cosa que dijera iba a ser tomada en broma y decidió hacer silencio de radio, para alimentar su proverbial odio hacia los periodistas.

Lo único que calmó su ira fue que también su cónyuge, más ducha en estas lides, había recibido una andanada de críticas cuando se comparó con Evita y llegó a deslizar que aceptaría un cargo en una secretaría de Acción Social. Entre las voces disidentes se escuchó la de la mismísima Zulema Yoma, quien le pedía que no se metiera con la líder espiritual del peronismo y se dedicara a los llamados telefónicos.

La política y Susana nunca se llevaron bien. Ni siquiera cuando prestó su imagen para la campaña de Nueva Fuerza, el partido político que lideraba Chamizo en las recordadas elecciones de 1973. Por aquellos días una joven Susana lucía el logo de la agrupación política y como fondo se escuchaba la pegadiza marcha que decía: *"Los argentinos/queremos goles/porque los goles son la verdad"*.

A ella no le interesaban demasiado los estandartes levantados por el partido, pero Héctor Cavallero, por entonces su pareja, tenía esperanzas puestas en el triunfo de la fuerza derechista y por eso aceptó el convite. Cuando se enteró de que cada voto que cosechó Nueva Fuerza equivalía a un Ford Falcon, sintió que la habían usado para una causa perdida. De allí en más, con excepción del desliz evitista, Giménez evitó toda asociación con un partido político.

UN VERANO ENCENDIDO

Pareciera que con la llegada de los primeros calores del verano de 1989, al polista devenido estrella mediática comenzó a picarle el bichito del amor.

Por aquellos días el *boom* musical era protagonizado por una agrupación llamada *Las primas*, integrada por cuatro bellas señoritas que intentaban balbucear las estrofas del recordado tema "Sacá la mano, Antonio". La cabeza visible de este conjunto era una morocha muy pulposa llamada Mónica Garimaldi, quien reunía las condiciones físicas que convierten a cualquier persona con faldas en una presa codiciable para el marqués.

Apenas la descubrió, Roviralta comenzó a rondarla en el teatro marplatense donde la niña integraba uno de los tantos elencos que se forman para sacarle algo de jugo a la temporada estival con lo que en el ambiente se llama una "rascada".

Sacando rédito de su relación con Susana, que lo convirtió de inmediato en alguien digno de conocerse, Huberto logró atraer la atención de la canora. Luego de varios vuelos rasantes y con la ayuda de su futuro yerno Eduardo Celasco, el deportista alcanzó su objetivo: conquistar a Garimaldi.

Claro que el problema más grave era de qué manera podían intercambiar arrumacos sin que la legión de periodistas que vivía pendiente de cada paso que daba el príncipe consorte los registrara. Tratándose de una ciudad tan expuesta como Mar del Plata en verano, el conflicto no era menor. La solución llegó de la mano de un amigo de Roviralta, quien les facilitó un yate.

A partir de entonces fueron varias las tardes en las que la pareja se subía a la embarcación, rumbeaba hacia el ancho mar y fondeaba a la altura del Torreón del Monje. Allí, lejos de las indiscretas miradas y los teleobjetivos, los tortolitos se prodigaban mimos y sonrisas, tal vez pensando qué estaría haciendo en esos momentos la cándida Susana.

Todo terminó cuando los *paparazzi* dieron cuenta de la relación en una serie de fotos publicadas por la revista *Flash*, en las que se veía al Don Juan del tercer mundo esperando a la cantante con un ramo de rosas. Esa fue la primera pelea importante entre Susana y Huber. Lograron superarla echándole la culpa de todo a la prensa. Las fotos, sin embargo, no mentían.

A partir de ese momento la diva comenzó a prestarle más atención a las salidas de su esposo. Y él a explotar aún más su condición de galán maduro. Pero para no levantar sospechas, el polista concurría todas las noches a las funciones teatrales de su mujer. Mientras ella se desgañitaba sobre el escenario, él prefería dormirse una larga siesta en el camarín. O bien espiar a las coristas a través de las puertas entreabiertas.

Su vocación de *voyeur* no fue suficiente para aplacar sus impulsos amatorios y al poco tiempo los corrillos chimenteros comenzaron a hablar de una supuesta relación entre el ingeniero y una chica apodada "La uruguaya", que vivía en un departamento de la calle Cabello, frente al hospital Fernández.

Meses más tarde de lanzado el rumor, en algunas redacciones se recibió un casete donde se habían grabado supuestas conversaciones telefónicas entre el caballero y su clandestina amiga. Ante el descreimiento de los periodistas, la joven llegó a presentarse en un ciclo dedicado a la farándula con contestador automático en mano, para demostrar la veracidad de los llamados. Nadie se atrevió a poner estas grabaciones al aire.

Otra de las pruebas irrefutables expuestas por la mujer fueron los regalos que, teóricamente, le había entregado Roviralta como prenda de amor eterno: una cantidad industrial de medias avalaban, como mudos testigos, esos encuentros. Nada hubiera tenido de extraño que esos obsequios hubiesen pertenecido a la firma que auspiciaba el lucimiento de las piernas de Susana.

Ese no sería el único caso en que las beldades elegidas por el marqués se llevaran algún recuerdo de su estelar esposa. En los últimos tiempos, cuentan, algunos electrodomésticos que se exhibían diariamente como jugosos premios en el ciclo Hola Susana habrían ido a parar a la casa de las conquistas de Roviralta. Paradójicamente, Giménez alimentaría así las escapadas de su marido con lo que ganaba con el sudor de su frente.

La lista de amantes se completaría con otros nombres, en su mayoría pertenecientes a ignotas señoritas. Pero quedaba claro que con cada uno de estos malos pasos, Huberto comenzaba a caminar por una tensa cuerda y a convertirse en sujeto ideal a la hora del chantaje.

También en Miami el galán despuntaba su vicio amatorio y sus ganas de divertirse. En esa ciudad, él y su esposa habían hecho amistad con una pareja de argentinos que, casualmente, también vivía en la exclusiva Fisher Island. Daniel y Silvia conformaban un matrimonio de acaudalados empresarios, que se dedicaban a la importación y exportación de productos europeos. Rápidamente los cuatro estrecharon filas y comenzaron a compartir muchas horas y salidas juntos. Pero fueron los dos hombres quienes se transformaron en verdaderos compinches.

Cada vez que Huberto llegaba a Miami, se comunicaba con Daniel para pedirle que organizara alguna salida. *"Ya no aguanto más a la gorda"*, decía el polista con crueldad. Por la noche, mientras la diva descansaba, los dos argentinos se iban a visitar Coconnut Grove y algunas discotecas de Lincoln Street, dos de las más concurridas zonas de la ciudad norteamericana. Pero cuando buscaban intimidad, preferían abordar el yate del empresario con algunas señoritas.

La amistad con esta pareja se terminó cuando las autoridades americanas descubrieron que el importador negociaba con relojes desde el viejo mundo, pero sin pagar impuestos. En buen castellano: fue acusado de contrabandista. Un buen día la policía se hizo presente en la lujosa isla para secuestrar dos *Mercedes Benz* y un *Jaguar* último modelo. También les quitaron el piso que la pareja poseía en el complejo y los casi 10.000.000 de dólares que, a fuerza de estafas, habían sabido acumular. Precisamente, esa fortuna manifiesta y malhabida era lo que había deslumbrado al matrimonio Roviralta-Giménez.

CORAZÓN CAMPERO

Algunos de los ex empleados de su campo de Pilar recuerdan la llegada de Roviralta en compañía de una variedad interesante de niñas. Pero quien despertó mayor atención fue una mujer rubia y muy bonita, que se apersonaba de la mano de una nena de unos ocho años. El decía que la señora estaba interesada en la compra de un petiso de polo, pero en cada una de sus visitas la dama ni siquiera se dignaba a requerir un dato sobre los nobles brutos. Prefería, en cambio, retozar en el campo y compartir también con el ingeniero el contenido de un recipiente plástico, en el que llevaba alimentos para su hija.

Lo que sí le interesaba ver *in situ* era el granero donde descansó durante varias semanas el famoso *Mercedes Benz* "trucho" de la estrella. A esa altura, la anécdota se había convertido en una argucia más del polista para mantener la atención de sus conquistadas.

En más de una oportunidad, Huberto también habría compartido sus viandas con una bonita modelo llamada Laura, a quien invitaba a su casa de Tortugas cuando Susana no se encontraba en el país. Allí almorzaban opíparamente lo que los empleados de la calle Dardo Rocha le preparaban especialmente al esposo.

Su último *affaire*, cuentan, habría sido una joven de veintiséis años llamada María Elena. Dos veces por semana, dicen, la rubia esperaba impaciente que su galán pasara a buscarla por su departamento de Olleros y Luis María Campos. El ni siquiera subía: la llamaba por el teléfono celular y la mujer debía bajar de inmediato. En uno de estos encuentros ella se retrasó más de la cuenta y casi pierde a un fastidioso Huberto que se aprestaba a huir con su poderosa *4 x 4*. Cuando la señorita se subió al vehículo recibió los gritos de su acompañante: *"¡La próxima vez que tardes en bajar me voy! ¡No ves que soy un tipo conocido y esto me puede traer problemas!"*.

Con esta amiga siempre comían en alguna de las parrillas ubicadas a la vera de la Panamericana y pocas veces era él quien abonaba la cuenta. Quizá por aquello de que los estancieros nunca quisieron ensuciar sus manos con dinero.

Pero su romance más sonado y reconocido, incluso con fotografías y declaraciones públicas de ella, se produjo en el verano de 1994 cuando estalló la primera crisis matrimonial en el seno de la pareja Giménez-Roviralta.

DEL PLACER AL DOLOR

A principios de ese año, Huberto y Susana protagonizaron una primera separación formal, luego de que la diva y su gran amiga Teté Coustarot se internaran por varios días en la exclusiva clínica suiza *La Prairie*. Ubicada a ochenta y cinco kilómetros de Ginebra, el lugar es célebre por albergar a las figuras más importantes del mundo que ansían un poco de paz y, de paso, recuperar la belleza perdida.

Hasta allí llegaron la actriz y su compañera para descansar y poner sus figuras en línea. Durante siete días fueron seguidas por una dietóloga y un regimiento de médicos que las trataban y cuidaban. En esa semana, sus cuerpos fueron sometidos a un programa llamado *Beautymed* que incluía, entre otras cosas, el sistema *Corpofit* para las arrugas, el *Corpotrim* que usan los astronautas de la NASA para estimular los músculos, el *Corpolux* que emite rayos ultravioletas de poder terapéutico y baños de ozono.

Mientras las amigas disfrutaban del relax, aprovecharon para hablar del entonces presente sentimental de Susana. La diva de los teléfonos le abrió su corazón a Teté y pudo por fin contar sus penurias con el polista. Al finalizar el programa de belleza, ya había tomado una decisión fundamental: abandonar a Huberto.

Pero todo se precipitó de un modo impensado cuando recibió un golpe terrible: la noticia del suicidio de Jorge Giménez, su hermano.

Esta información fue muy valorada por los medios, dado que el hombre había sido descubierto por un periodista televisivo en el Hospital Neuropsiquiátrico Borda, donde residía desde hacía años debido a un irreversible cuadro de esquizofrenia. Cuando la imagen de su hermano ganó las pantallas, el público comenzó a preguntarse por qué alguien relacionado con una mujer tan poderosa había ido a parar con sus huesos a un hospicio estatal. Las dudas se despejaron en una conferencia de prensa, a los pocos días de producido el incidente.

En los estudios de Telefé, una atribulada Susana se refirió a esa penosa situación:

"Tres veces intentamos sacarlo del Borda, tres veces intentamos llevarlo a distintos lugares y no pudimos. Las tres veces fue con chaleco de fuerza, con agresiones a los policías, en fin, él no quería estar en otro lugar. Mi madre siempre se encargaba de cuidarlo. Es más, él ni siquiera comía con los demás internos sino en un restaurante que quedaba enfrente (...)Este final se preveía, era la quinta vez que intentaba suicidarse. El primer intento lo hizo en la colimba, cuando tenía diecinueve años, mientras estaba en la Marina (...) La última fue cuando intentó quemarse dentro del Borda (...) Hace mucho tiempo que no lo veía. Hubo razones privadísimas que me llevaron a tomar esta decisión. Son razones muy desagradables que nunca voy a confesar".

Sin embargo, gente muy allegada a la estrella confió, en voz baja, que esas razones "privadísimas" serían supuestos intentos de abuso por parte del hermano, cuando ambos vivían bajo el mismo techo. Eso también habría decidido la posterior internación del pequeño Jorge.

ADIÓS AMOR

Mientras estos trágicos hechos se sucedían, Huberto ya había elegido a quien reemplazaría a la esquiva Susana. Ni siquiera el dolor de su mujer lo hacía recapacitar.

La agraciada fue una bella modelo llamada Dolores Benedit, amiga de la pareja debido a su trabajo paralelo como relacionista pública de varios eventos de la alta sociedad porteña. Cuando el matrimonio decidió separarse, el polista buscó reparo y consuelo en los brazos de la joven. Con la tranquilidad de la separación sobre sus hombros, la pareja se mostraba sin pudor en la noche de Buenos Aires. Durante varias semanas, las fotos aparecieron en las revistas del corazón, mientras una hermética Susana Giménez se recluía en la casa de su madre, en el barrio La Florida, de Mar del Plata.

Con lo que no contaba Huberto era con el perdón de la diva. Cansada de estar sola, Susana decidió aceptar las disculpas que le hacía llegar su ex, más como una formalidad que como una expresión de sincero amor. Pero la reconciliación llegó y la estrella no tuvo mejor idea que festejarla acompañando a su marido a un torneo de polo en la ciudad de Bahía Blanca. Cuando el ingeniero se enteró de los planes de su mujer, se puso blanco del susto. Es que a ese mismo lugar había invitado a Dolores, para pasar un fin de semana, sostienen algunos *"de amor y lujuria"*.

Como era imposible ubicar a la modelo antes del viaje, Huberto tomó una resolución suicida: componer el enredo en el aeropuerto mismo. Cuando la feliz y reconciliada pareja arribó a la estación aérea, los nervios empezaron a traicionar al polista. Mientras esperaban las valijas, miraba de un lado al otro hasta que divisó la frágil figura de Benedit. Con el miedo marcado en su rostro, le pidió a un amigo que convenciera a Susana de lo oportuno de emprender la retirada, porque los trámites del equipaje venían muy lentos y la gente ya había comenzado a reconocerla.

Mansamente, ella aceptó la alternativa y se subió a una camioneta que la llevó a la estancia donde se llevaría a cabo la justa deportiva. De inmediato Huberto corrió al encuentro de Dolores, quien no entendía la situación. Mayor aún habrá sido su asombro al escuchar las explicaciones de su, hasta entonces, novio. *"Realmente no sé cómo pedirte perdón. No esperaba esto. Perdonáme. Realmente la pasé muy bien con vos pero no puedo dejar a Susana. Cuando vuelva a Buenos Aires te explico"*, fue lo que apenas alcanzaría a balbucear un abochornado Roviralta.

La modelo, que había llegado hasta allí especialmente para encontrarse con él, sacó pasaje en ese mismo avión y regresó vencida a la city porteña.

Mientras tanto, una tranquila Susana le agradecía al amigo de su esposo la molestia que se había tomado, no sin antes advertirle que no era ninguna tonta. *"Vi a Dolores en el aeropuerto. Es más linda que en las fotos. Lamento el mal momento que le hicimos pasar pero yo no soy ninguna boluda. Cuando Huberto viene yo ya fui cien veces"*, dijo la diva ante el atribulado acompañante que no sabía qué contestarle.

De todas maneras no era la primera vez que Susana advertía ciertas "canchereadas" de su esposo. El día que su hermano Patricio debutó como cantante, en el lugar se encontraba Marta McCormack, invitada especialmente por Roviralta. La estrella televisiva la descubrió sentada en un rincón oscuro y le clavó la mirada. A la salida, Huberto recibió una andanada de insultos y reproches. Esa noche y una vez más, la pareja se acostó en camas y habitaciones separadas, sin dirigirse la palabra.

El video de la discordia

El broche de oro de las supuestas conquistas del polista fue registrado en un video de alto contenido erótico, que habría protagonizado con la pulposa Flavia Miller, una mujer que salió desprovista de ropa varias noches en el programa El paparazzi y cuyo teléfono aparece de vez en cuando publicado en el rubro 59 del diario *Clarín*.

La cinta con ese supuesto encuentro recorrió todas las redacciones pero fue la revista *Semanario* la que se atrevió a mostrar sus partes más atrevidas. De inmediato, Flavia obtuvo sus cinco minutos de gloria, pero a cambio de ver cómo se ponía en tela de juicio su credibilidad. Mientras que al principio aseguró conocer a Huberto al dedillo luego de los casi cuarenta encuentros íntimos que habrían sostenido, cuando el tema estuvo a punto de llevarla a un juicio se desdijo y sostuvo que había sido presionada por la prensa.

Hoy, más tranquila, la media vedette cuenta los entretelones de ese *affaire* amoroso.

"En realidad yo quería ser famosa a cualquier precio. Hasta ese momento las notas que me hacían las debía pagar y a partir de aparecer en televisión solamente unos segundos me di cuenta de que la fama me gustaba. Por eso acepté la idea de un productor televisivo que me dijo que me iba a involucrar con Huberto Roviralta. Yo dije que sí y me inventaron una historia."

Esa historia "oficial" aseguraba que la pulposa vedette y el polista se habrían encontrado en la sala de espera de un reconocido cirujano, cuando ella iba a retocar su cuerpo y él a curarse una herida luego de un intenso partido de polo. Pareciera que nadie reparó en lo absurdo de concurrir a un especialista en plástica para curar una herida. Después se descubrió que ese profesional tenía un canje con la editorial, trato que justificaba la aparición de su nombre, más allá de lo ridículo de la situación.

La puesta en escena continuó con el supuesto video donde aparecían Huberto y Flavia en situación más que comprometida en la casa de la mujer.

"Huberto nunca estuvo en mi casa. Ni siquiera lo conozco. Cuando intenté aclarar las cosas me 'apretaron' para que no hablara. Otros me ofrecieron viajar a Miami para encontrarme con él. Incluso me pidieron que fuera a Ezeiza el día que llegaba Mercedes, la hija de Susana, para ponerme al lado de ella e inventar así que ella y yo éramos cómplices en este asunto. Ahora me doy cuenta de que me mandé una metida de pata muy grande. ¿El video? El video no existe. Hasta ahora nadie lo presentó ni lo va hacer porque es un invento. ¿Dije que había estado cuarenta veces con Huber? Eso lo hice para una supuesta cámara oculta para ese mismo programa de televisión", se queja hoy una Flavia Miller que sigue soñando con ser algún día como Susana Giménez.

El único testigo que puede decir si lachica del rubro 59 miente es Leo. El problema es que se trata de un pequeño perrito foxterrier que, para colmo, está castrado.

Claro que este supuesto video le genera más de un problema al pobre Huberto, pese a que su abogada encargó una sesión de fotos para demostrar las posibilidades que existieron de trucarlo. Allegados a la editorial aseguran que la "viveza" se habría armado con unas fotos viejas de Miller tomadas en su casa y que nunca se publicaron.

LA OTRA CARA DEL AMOR

Los otros romances que desde hace años se le adjudican al polista y circulan por el mundillo artístico serían aquellos que lo relacionan con personas de su mismo sexo. Muchas son las historias que lo involucran pero en las distintas versiones hay un dato común: todas aseguran que el marido más famoso habría sido un habitúe de *Confusión*, un boliche gay ubicado en Scalabrini Ortiz y Costa Rica.

Clientes de ese bar sostienen que al principio, el marqués no ingresaba en el local y prefería enviar a un amigo como señuelo para luego sí retirarse con la presa. Aunque en los últimos tiempos, aseguran los infidentes, el mismísimo Huberto ingresaba en el recinto y charlaba animadamente con las chicas/chicos.

Cuando el escándalo con cenicero incluido ya había estallado, un travesti llamado Marisol se expuso en el programa de Mauro Viale para contar de sus supuestas batallas amorosas con Roviralta.

"Lo conozco a Roviralta desde hace tres años. Lo conocí en un boliche y la primera noche me dio 200 pesos. Después me pidió que le presentara a más amigas. Lo único que puedo decir es que es muy dulce, apasionado y un caballero. ¿Si era dotado? Era normal, pero te vuelvo a repetir, con cariño compensaba todo."

Un reconocido travesti, con vasta trayectoria en el exterior, asegura que las versiones circulantes no son ficticias.

"Desde hace tiempo varias trabas se adjudican romances con el ex de Susana. Incluso algunas llegaron a arriesgar que en más de una ocasión habría participado Su. Eso no lo sé, pero si hablo por mi experiencia recuerdo que ella venía muy seguido a ver mi show, junto a Carlos Monzón, al ya desaparecido boliche Hidrógeno *de San Telmo. Es más, la Giménez se presentó con un show en* Bunker, *reducto elegido por las 'locas' de Buenos Aires. Por eso no me extraña todo lo que se dice en el ambiente."*

En los últimos tiempos, los periodistas especializados aseguran que el nombre clave es Vanessa Leroy, un antiguo bailarín hoy convertido en infartante travesti. Dicen que ella guarda los mejores secretos del polista. Y también que tiene miedo.

EL COMIENZO DE LA PESADILLA

Alejada de todos estos intríngulis sexuales, Susana miraba las fotos de su esposo con Miller y se reía. No creía en el contenido de ellas, pero sí sabía que había otras tantas que no fueron publicadas. Resignada, observó el paisaje de Miami que se divisa desde su piso en Fisher Island y decidió apurar su divorcio. Lo que no imaginaba la diva era que su esposo iba ir más allá de una simple "canita" al aire y abandonaría su posición de caballero.

Todo explotó cuando, el martes 11 de febrero de 1988, Susana recibió un llamado mientras estaba en el gimnasio de la isla. Dejó de pedalear en la bicicleta fija, su cara se transformó y el grito de *"¡Qué hijo de puta!"* coincidió con el golpe del teléfono contra el piso. Del otro lado de la línea una voz muy familiar le aseguraba que Huberto tenía en su poder todas las fotocopias de sus contratos y sus cuentas bancarias, incluso aquellas que habría radicado en el más de los absolutos secretos en las ciudades de Nueva York y Miami.

Roviralta se había alzado con la única arma capaz de derribar su emporio basado en el éxito y la fama. El mismo hombre que había vivido con ella y de ella durante diez años se rebelaba y mordía la mano que le había dado de comer. De pronto, Su despertó de un largo sueño. Había dormido con el enemigo y no se había dado cuenta.

Inmediatamente se comunicó con la compañía área y reservó pasajes para esa misma noche. Como un general al frente de sus tropas, la diva había tomado la decisión de combatir al enemigo en su propio terreno. Armó sus elegantes valijas *Louis Vuitton* y se dirigió al aeropuerto de Miami. Se sentó en su asiento de primera clase y respiró hondo. La guerra había comenzado.

EL ESCANDALO

EN EL VUELO A BUENOS AIRES, pese a la comodidad de los anchos y espaciosos asientos, la desventurada Su casi no pudo conciliar el sueño. Jazmín, a su lado, tampoco podía dormir, nervioso como su famosa dueña.

La diva repasaba mentalmente todo lo que le había sucedido en sus diez años junto a "ese monstruo" en que se había convertido Huberto Roviralta. Por momentos, la ira la ganaba y deseaba estar ya en el país, para echar a su ex de su mansión de Barrio Parque. Después, la desazón y el desgano se apoderaban de ella, y rezaba para que el viaje se extendiera en el tiempo.

Pero lo que más la atemorizaba era la presencia de la prensa en Ezeiza. Ella recordaba muy bien el alboroto que había provocado su separación, desde aquel 12 de enero cuando Radio Paparazzi había dado la primicia.

"*¡Hijos de puta! ¿Cómo se enteraron?*", fue lo único que se atrevió a decir la diva cuando un asistente le leyó desde Argentina la reveladora tapa de *Diario Popular* que anunciaba a todo lo ancho la noticia del verano.

Susana estaba molesta por el modo en que se habían acelerado los tiempos previstos por ella. Su idea era comunicar su nuevo estado a la prensa pocos días antes de su regreso a la televisión. De esta forma, pensaba, iba a tener un poco de paz para realizar los trámites legales que suponía el divorcio.

Pero no pudo ser. Todo a su alrededor se convirtió en un torbellino. Los flashes, el viaje a París junto a Jorge Rodríguez, el descubrimiento de la traición de Huber, la posibilidad de un escándalo mayúsculo...

EL PRIMER ROUND

En estas cuestiones estaba sumergida cuando la metálica voz del piloto anunció que el avión estaba sobrevolando Buenos Aires. Susana se levantó para ir al baño a retocarse. *"Por lo menos que no me encuentren fea y demacrada"*, se dijo la estrella.

La primera señal de que no todo iba a estar bien la tuvo cuando su yerno, Eduardo Celasco, le anunció que le faltaba una valija. De inmediato, los gritos de la actriz pusieron en marcha a los empleados de Ezeiza, los que, luego de varios minutos, encontraron el equipaje supuestamente extraviado.

Susana se persignó y salió de la aduana para enfrentarse a los periodistas. Sin duda este era uno de los momentos más tensos de su relación con la prensa. De la misma manera que ama a los medios porque fueron parte de su vertiginoso ascenso a la cima, los aborrece porque siempre estuvieron presentes en cada uno de sus traspiés; cuando se atrevieron a descubrir a su hermano en el Borda o la emprendieron con su *Mercedes Benz* de origen dudoso.

Frente a los flashes y las luces de las cámaras, Su sólo se limitó a sonreír y dar las respuestas del caso, mientras buscaba el lujoso automóvil que la trasladaría a su mansión de la calle Dardo Rocha. Cuando subió al *Mercedes* sintió alivio. Pero le duró muy poco. Su teléfono celular comenzó a sonar para avisarle que su hasta entonces esposo seguía amotinado en la casona cercana a ATC.

Pese a que su yerno intentaba calmarla, la furia ya se había apoderado de ella. La visión de Huberto traicionándola podía más que cualquier palabra de sosiego. Le pidió a su chofer, el fiel Walter, que apretara el acelerador para llegar rápido al lugar de la batalla final.

Exactamente a las 10.30, el poderoso auto alemán arribó al tranquilo y selecto Barrio Parque. Mientras, en los minutos previos al desembarco, un nervioso Roviralta se paseaba por el primer piso de la casa mirando a cada rato por la ventana. Con el teléfono en la mano el polista buscaba la protección de sus amigos y, sobre todo, de su abogada. La profesional le pedía que no dejara la casa y que siempre se pusiera en víctima.

—*¿Qué hago si reacciona violentamente?*

— Pero qué puede hacer Susana...

—Se nota que ustedes no la conocen. Es capaz de cualquier cosa cuando se enoja, incluso de pegarme.

UNA ESTRELLA FEROZ

El pusilánime Huberto ya demostraba un temor justificado. Más de una vez había visto cómo la mano de Susana se levantaba de manera amenazante, sobre todo cuando las peleas se producían por alguna de las infidelidades del polista.

Cada vez que presenciaba una acción de esta naturaleza, Roviralta se acordaba de lo que le había contado un veterano hombre de la noche y conocedor de la actriz desde la época del jabón *Cadum*.

"Tiene cara de dulce y es muy dulce, pero cuando engrana es una fiera. Si no creés, andá a preguntarle a Monzón cuando lo enfrentaba al grito de 'Atrevéte a pegarme bruto de mierda y vas a saber quién soy yo'. O cuando en un ataque de ira, le tiró un televisor por la cabeza a Héctor Cavallero. Parece frágil. Pero parece, nada más..."

Preocupada por las consecuencias imprevistas, la doctora le habría aconsejado a su defendido que, de ser despedido por la fuerza, aprovechara la presencia de la prensa para que quedara asentada su situación y así mejorar su posición para un futuro juicio de divorcio.

En un momento el teléfono sonó varias veces. El caballero no se atrevía a atender. Finalmente lo hizo y se encontró con una voz más que familiar:

"¿Todavía tenés la caradurez de estar ahí después de todo lo que hiciste? Hacéme un favor, andáte antes de que yo llegue", le exigió una muy nerviosa Susana.

Roviralta sólo atinó a decirle que tenían que hablar y de inmediato escuchó cómo su interlocutora cortaba. Asustado, decidió tomar coraje y esperar la llegada de su esposa. Los empleados, avisados de que el ambiente estaba muy caldeado, decidieron abrir las puertas de entrada y esperar el arribo de la patrona.

Cuando el *Mercedes* con vidrios polarizados traspasó el umbral, los periodistas que estaban montando guardia se miraron y se aprestaron a ser testigos del escándalo más grande de la historia del espectáculo nacional.

Con una remera azul, jeans y mocasines marrones, Huberto esperaba a su mujer sentado en el living. No soñaba con que minutos después se convertiría en el personaje más fotografiado del día.

Susana, hecha un tornado, entró al lugar tirando su cartera en el sillón más cercano.

EL CENICERO VOLADOR

—*¿Cómo te atreviste a hacerme esto?*

—Dejáme que te explique...

—*Qué me vas explicar. Cuando yo te conocí eras un muerto de hambre y ahora me traicionás.*

—¿Y vos que me dejás como el cornudo mayor de Buenos Aires mostrándote con el otro en París?

—*¡Eso te preocupa! ¡Qué tengo que decir yo que me hiciste infeliz durante diez años!*

—Tratá de no levantarme la voz...

—*¿Te molesta? Encima que me robaste, querés que te trate bien...*

—Esto no te lo voy a permitir, me tenés que respetar. O vos te creés que soy un boludo más.

—*Tenés razón. No sos un boludo. ¡Sos un hijo de puta!*

Huberto, fuera de sí, intentó acercarse a Susana para sujetarla por los brazos y evitar que siguiera gritando. Ni lenta ni perezosa, la diva tomó un hermoso cenicero marca *Cartier* que estaba sobre la mesa y no dudó en arrojárselo a la cara. El adorno le dio de lleno a Roviralta en la parte izquierda de la nariz.

La primera reacción de Huberto fue alzar a Jazmín e intentar emprender la retirada. Pero cuando alcanzó a entreabrir la puerta el asustado perro se escapó y salió disparado rumbo a la calle. Fue allí cuando el marido de Giménez salió de la casa para buscar a su mascota y los fotógrafos lograron retratarlo con sangre en la cara. Con su más triste expresión, el polista miró por unos segundos a los*paparazzi*. Su regreso a los interiores de la mansión pareció durar una eternidad. En realidad, los segundos exactos para que todos los medios de prensa registraran lo que sucedía.

Mientras atravesaba la puerta, la inconfundible voz de Susana lo recibía al grito de *"Andáte de esta casa, ladrón, fuera, fuera, sos un hijo de puta..."*

Este fue el primer acto de una historia que encierra poder, dinero, política, evasión fiscal y hasta fantasmales recuerdos de los montoneros y la dictadura militar. Un culebrón digno de Alberto Migré que se ganó la atención de todos, incluso de aquellos que desprecian los chismes del ambiente.

En el mismo momento en que se producían estos episodios, ese fenómeno llamado Soledad se encontraba en la Casa Rosada esperando ser recibida por el presidente Carlos Menem. La reunión se produjo varios minutos después de lo acordado, ya que todos en Balcarce 50 estaban pendientes de lo que sucedía en la casona del Barrio Parque. Los periodistas acreditados, por ejemplo, se negaban a abandonar su lugar de trabajo, hipnotizados por la señal de cable de Crónica que mostraba al minuto todo lo que estaba aconteciendo.

Cuando la cantante y el primer mandatario se encontraron, este tema se llevó los primeros comentarios. Minutos después de la reunión, el presidente hizo llamar a su secretario a la casa de Susana para averiguar cómo estaba la estrella. Recién al otro día, Menem y Susana Giménez habrían mantenido una privadísima conversación.

EL PRINCIPIO DEL FIN

LA PRIMERA VEZ QUE SUSANA ADVIRTIÓ que Jorge Rodríguez era algo más que *"el simpático representante de Hard Comunnication"* fue durante una cena de gala en el *Hotel Conrad*, enclavado en la exclusiva ciudad de Punta del Este. Allí las miradas que se prodigaron dejaron entrever que ambos estaban listos para atravesar los límites de una tierna amistad.

En realidad, desde hacía tiempo la diva se sentía atraída por ese joven con cara de rebelde y aires de *yuppie* moderno. Y el interés era mutuo: su corte de colaboradores ya le venía prediciendo el inicio de un apasionado romance. *"No ves cómo te mira. Es todo un caballero. Además, eso de mandarte rosas amarillas es una delicadeza total"*, le repetían hasta el hartazgo sus más cercanos amigos.

Claro que no todos en su entorno estaban tan contentos. Aún hoy sus huestes están divididas entre los Rodriguistas y los Hubertistas. Los primeros creen ver en el joven al hombre que la puede hacer feliz y de paso ayudarla a terminar definitivamente con Huberto. El segundo grupo, en cambio, se encolumna detrás del polista, reconociendo su inutilidad pero destacando que es *"poco peligroso"*. Mientras que al nuevo socio lo catalogan como una persona *"fría, calculadora, que lo único que quiere es explotar a la pobre Susana"*.

Las famosas rosas amarillas tienen una historia que merece ser contada. En realidad, hace diez años, la estrella detestaba el amarillo. Tanto que durante la representación de "Sugar", en Carlos Paz, el productor de la obra no tuvo mejor idea que enviarle un fabuloso ramo con flores de ese tono, y Susana, al verlas, ordenó que no sólo las sacaran de su camarín, sino que las arrojaran lejos de su vista. Es que para la gente del espectáculo el amarillo, así como silbar en el camarín, tejer o nombrar a una persona que se considera *yeta*, atrae la mala suerte.

Sin embargo y con los años, los gustos de Susana cambiaron radicalmente. Eso lo sabía perfectamente Luis Cella, el productor de la conductora, cuando un simpático Rodríguez le preguntó cuál era el mejor regalo que le podía hacer. *"Rosas amarillas"*, fue la respuesta del hombre de confianza de Su.

Así fue que lo que debía ser un secreto, le fue develado al pretendiente gracias a la amistad que entablaron ambos caballeros. El lazo se habría estrechado fundamentalmente luego de que Cella recibiera una suma cercana a los 100.000 dólares por las gestiones realizadas para que *Hard Comunnication* se quedara con el millonario concurso. Cada día, a partir de la inclusión del juego "Su llamado" en el ciclo, un ramo de rosas amarillas llegaba al estudio. El galán le prometía que iba a cumplir lo que Alberto Cortés cantaba en una de sus canciones: "Te llegará una rosa cada día". A partir de ese momento, entre los dos se estableció un juego de seducción que comenzó a ser cada vez más peligroso, si se toma en cuenta que Susana todavía estaba legalmente casada con Roviralta.

La que sufría las consecuencias de tal maniobra sentimental era Claudia Segura, asistente de Rodríguez en la empresa. Es que ella era la encargada de comprarle los regalos a la diva. Al principio, conseguir las flores no fue demasiado difícil ya que la gente de *La Orquídea* tenía un stock más que importante. Pero el asunto se complicó cuando su jefe le ordenó que los envíos debían ser diarios. Desesperada, la secretaria tuvo que encargar las rosas a Ecuador y a Colombia, lo que encarecía de manera anormal el precio final de los presentes.

En una oportunidad, Segura le comentó a Rodríguez que le parecía muy extraña esa obsesión con las flores sólo para mantener contenta a Susana. *"Me parece que con el dinero que va a ganar se tiene que dar por satisfecha"*, fue el racional argumento de la mujer.

"No ves que no entendés nada. Mi objetivo final es más importante que una simple línea telefónica. Te voy a demostrar que soy capaz de levantarme a Susana. Ella es una verdadera mina de oro. Esto que hoy estamos ganando es solamente un vuelto de lo que realmente podemos

ganar", habría explicado con pasmosa seguridad el oriundo de Villa Martelli.

Otra vez se hacían apuestas en las que lo que estaba en juego era el corazón de la actriz. Primero había sido Roviralta, cuando se presentó en el baile de las princesas. Ahora sería Rodríguez quien correría detrás de los millones que tenía y que podía generar la popularísima diva.

De amor, ni hablar.

UN CAMINO DE ESPINAS

Mientras tanto las rosas amarillas seguían llegando al estudio. Un día, un cansado Huberto le manifestó su disgusto a su esposa. "*Pero a este tipo qué le pasa. Por qué no gasta la guita en la gente que realmente lo necesita. Una vez está bien, pero todos los días... Encima me dejan como un imbécil. ¿Por qué no le decís que la corte?*"

Obviamente Susana no le hizo caso. Su fascinación por ese joven que le hacía sentir nuevamente un cosquilleo en el alma no le dejaba lugar para ninguna duda.

Lo único que hizo para preservar su relación con Huber fue enviar todas las flores que le llegaban, una vez finalizada la emisión de Hola Susana, directamente a la peluquería de Miguel Romano. Cada noche el peluquero cargaba con las rosas. Al día siguiente sus clientes se maravillaban con ellas y hasta se daban el lujo de llevarse algunas a sus casas. Si alguien le hubiera contado al *coiffeur* que en ocho meses casi 100.000 dólares en ramos habían llegado a su local, seguramente otro hubiera sido el final de ese amoroso presente.

Pero no sólo de flores viven las mujeres como Susana. También las joyas tienen su encanto a la hora de seducirlas.

Todavía hoy los vendedores de *Giovanna Di Firenzze*, de Unicenter y las Galerías Pacífico, recuerdan las constantes visitas de la asistente de *Hard Comunnication*. Sobre todo cuando llegaba una importante joya de *Tiffany's* o un reloj *Cartier*, que rápidamente abandonaba la vidriera de sus locales.

"*Lo que más nos llamaba la atención era que la mujer nunca peleó los precios. A nuestros clientes importantes les hacemos un diez por ciento de descuento por pago al contado. Ella nunca nos pidió esa rebaja. Se notaba que no era la que pagaba. Es más, pedía la joya, la observaba unos segundos, preguntaba el precio y sacaba un cheque. Lo raro era que estaba en blanco y firmado; ella solamente lo llenaba. Nosotros obviamente no le preguntábamos nada. ¿Si ella se llevaba algo por estas operaciones? No lo sé, habría que preguntarle al encargado"*, testimonia uno de los empleados que aún espera que la ignota dama regrese con el fresco réctangulo firmado en su cartera.

Lo que pocos saben es que el galán casi no podía cubrir los gastos que significaban tamaños obsequios sólo con su sueldo de 25.000 dólares mensuales. En este tema participaron sin duda Rodolfo Galimberti y Jorge Born, el verdadero dueño de *Hard Comunnication*, empresa satélite de *Bunge y Born*. Este dato, que puede parecer intrascendente, al final de esta historia será de suma importancia porque por esas paradojas del destino refleja que Susana iba a lograr reunir nuevamente a dos facciones que en el pasado fueron acérrimas enemigas: los montoneros y los militares.

Pero la escena transcurre aún en 1997 y hasta el momento cada detalle parecía responder sólo al comienzo de una simple historia de amor.

El miércoles 14 de enero del '98, dos días después de haberse divulgado la noticia de la separación, nuevamente desde los micrófonos de Radio Libertad se anunciaba que Jorge Rodríguez era el nombre del nuevo *affaire* de la estrella televisiva. Se aseguró también que el galán era directivo de la empresa que explotaba la línea telefónica de Susana, que tenía treinta y cinco años y que estaba pronto a viajar a París para encontrarse allí con Giménez, quien había sido especialmente invitada por el cotizado diseñador Thierry Mugler.

UNA NOTICIA BOMBA

En la tarde de ese mismo día, un hombre vestido de negro, con barba de un par de días y sonrisa de compromiso, llegaba a Ezeiza para embarcarse en el vuelo 415 de *Air France*.

La incógnita se develaba: ése era Jorge Rodríguez.

Claro que para algunos allegados a la actriz el misterio ya tenía nombre y apellido desde hacía, por lo menos, cuatro meses. Uno de los que estaba al tanto de la existencia de un nuevo pretendiente en la vida de Susana era el periodista Daniel Hadad, hombre muy cercano a Rodolfo Galimberti. Incluso algunos periodistas del mundo del espectáculo aseguran que él se convirtió en una especie de jefe de prensa del empresario. Tanto que aseguran que el ex compañero de Marcelo Longobardi habría sido quien llamó a las redacciones en la mañana del miércoles 14 de enero, para brindar más información de Rodríguez y dar además la hora exacta y el vuelo que éste iba a tomar más tarde.

Los que también sabían casi todo sobre el empresario eran Ovidio García y sus abogados. Desde que el juicio por apropiación del título de Hola Susana había entrado en una zona negra, los profesionales de la ley comenzaron a armar otros artilugios legales para manipular a la estrella. Fue así que un día, mientras buscaban datos sobre la actividad financiera de Susana, un hombre relacionado con la SIDE les habría acercado varios casetes con grabaciones de la conductora. En un país donde la mayoría de los teléfonos están pinchados, no sorprendía que el de Giménez también fuese víctima de esos trabajitos.

Durante horas se sentaron a escuchar las cintas pero en ninguna se decía nada relevante sobre las cuentas de Su. Sin embargo, cuando ya todo parecía perdido, uno de los abogados escuchó una frase muy cariñosa que despertó su atención. La voz pertenecía a Susana, quien estaba hablando con Jorge Rodríguez en los que serían sus primeros acercamientos amorosos. *"¡Bingo!"*, gritaron los investigadores. No habían encontrado ninguna trampa financiera pero se habían topado inesperadamente con algo que les podía servir.

A partir de ese momento, la información del romance clandestino comenzó a rodar con discreción por las redacciones de los medios. Incluso algunos extractos de las charlas fueron escuchados por contados periodistas. Lo único que despertaba sospechas era que la noticia de la irrupción de Jorge Rodríguez en la vida de Susana y la del juicio ganado por Ovidio García contra la diva habrían provenido de una misma fuente: Daniel Hadad.

El dato del romance también le llegó a Huberto que, desesperado y ante la perspectiva de una catástrofe nupcial, llamó a su esposa para intentar una acercamiento.

—*Susana, te están usando.*

—¿Pero qué decís? Siempre desconfiando de todo.

—*¿No te das cuenta que te están engañando? Se quieren quedar con tu plata. Atrás de ese tipo está Galimberti. Hasta Luis Cella está en combinación con ellos.*

—Dejáte de joder y decíme qué querés.

—*Que volvamos a estar juntos. Te prometo que paro todo si vos te sacás de encima a esos dos tipos.*

—Estás totalmente loco.

SÓLO SOMOS AMIGOS

Cuando el nuevo galán llegó a Ezeiza y vio el ramillete de periodistas que lo estaban esperando, no se sorprendió. Ya le habían avisado que eso iba a suceder. Al principio se negó a hablar, pero apenas sintió el roce de la fama, su postura de hombre discreto se derrumbó.

"Somos amigos. Trabajamos juntos desde hace casi un año. Podemos decir que somos algo así como socios. No sé si se separó de Huberto. No me meto en su vida. Creo que es una mujer bárbara, como lo piensa el noventa por ciento del país. Voy a París por otro tema, como lo hago cada veinte días. No sé si ella está allá."

Apenas terminó de pronunciar la última frase, el ex rockero se embarcó en el avión de *Air France*. Ya instalado en su asiento, volvió a revisar la dirección del hotel: Rue Fabourg Saint Honoré 112.

En el *Hotel Le Bristol*, uno de los edificios más bellos de la capital francesa, lo esperaban una imponente suite de 1.150 dólares diarios...y Susana Giménez. Por eso se volvió a reír cuando repasó mentalmente sus declaraciones a los periodistas. *"No sé si ella estará allí"*... Ya había aprendido a mentir frente a las cámaras. A las 9 de la mañana del jueves 15 de enero, en un vuelo de *United Airlines*, la actriz llegaba al aeropuerto Charles De Gaulle.

Sin perder un minuto se subió a un *Mercedes Benz* negro y se dirigió al hotel, más precisamente a la habitación 615 del sexto piso. Otra vez un sexto piso era el elegido por la diva para comenzar una historia de amor. Cuando Susana se casó con Huberto ocuparon también una suite en un sexto piso, en ese caso del *Hotel Alvear*.

Una vez instalada en el *Bristol*, se comunicó con sus amigos en Buenos Aires. Por teléfono se enteró de las declaraciones de Rodríguez en Ezeiza. "*¡Otra vez no!*", pensó Susana y muy molesta se recostó para esperar a su nueva pareja. Lo único que hizo previamente fue avisarle a su chofer que volviera al aeropuerto para recoger al argentino.

El empresario llegó a la estación aérea al mediodía, relajado, con una gorrita de béisbol y dos bolsos como todo equipaje. Al ver apostados a los cronistas de Crónica TV se sorprendió. "*Pero ustedes están en todos lados*", dijo para congraciarse con la prensa. De inmediato ingresó al auto y pidió que subieran la calefacción. Es que del ardiente verano porteño había aterrizado en una mañana lluviosa y con sólo cinco grados de temperatura.

Apenas ingresado al hotel intentó ver a Giménez, pero le avisaron que la señora había pedido que no la molestaran. Rodríguez insistió hasta que una cortante y fría Susana lo atendió para saludarlo y explicarle que por el momento no quería verlo. "*Después tenemos que hablar porque tengo que explicarte algunas cosas. Ahora dejáme que se me rompió una uña y estoy loca eligiendo qué me pongo esta noche*", fue el escueto comentario de la diva. Resignado, el hombre de negocios se fue a dormir para recuperarse de ese primer encuentro con la fama.

Finalmente por la noche, la pareja se reunió en el lujoso restaurante del hotel, donde intentaron cenar pese a lo molestos que se pusieron los *paparazzi*. Allí, entre plato y plato, Su le manifestó a su acompañante su disgusto por las declaraciones que había hecho en Ezeiza.

"*No te fíes de los periodistas, nunca. Hablá lo menos posible porque cada cosa que digas va a ser usada a favor o en contra tuya o mía. Además, necesitamos mantener perfil bajo*", le advirtió.

Su enojo recién desapareció cuando el mozo trajo a la mesa un vino de 900 dólares y un coqueto florero con rosas amarillas. El hombre era un verdadero seductor y tenía toda su parafernalia amorosa bajo control.

Del mismo modo que con Susana, Rodríguez ya había utilizado sus dotes de encantador de serpientes para convencer a Rodolfo

Galimberti y a Jorge Born de la conveniencia de hacerle un buen regalo a la generadora de tantos millones.

"Pero, ¿te parece Jorge que hay que regalarle un Mercedes?", preguntó Born. *"Nos hizo ganar 15.000.000 de pesos. ¿Qué nos cuesta gastar 120.000 dólares en un auto?"*, respondió Rodríguez con astucia. Finalmente, todos terminaron aceptando la idea y a los pocos días, un fabuloso auto alemán se transformaba en propiedad de Susana. Cuando la estrella vio el vehículo sólo pudo taparse la cara y exclamar: *"¡No lo puedo creer!"*. Pero la sorpresa se completaría al descubrir en el asiento trasero cientos de rosas amarillas.

DE PARÍS A NUEVA YORK

Pareciera que cuando está en plan de regalar y seducir nada es poco para el generoso Rodríguez. Al punto que cuando la conductora llegó a Miami, se encontró con un auto de similares características al que había recibido en Buenos Aires. Cumpliendo con el objetivo del pretendiente, todos estos gestos no hicieron más que terminar con su desconfianza e impulsarla a pensar seriamente que ese joven no estaba con ella por dinero.

Además, tenía cepillo de dientes...

Durante su estadía en París, la pareja se mostró bastante cauta por temor a ser retratados por los periodistas. Hasta que el sábado 17 Rodríguez sacó a relucir su pasión por los fierros y a bordo de una poderosa *4x4* consiguió escapar con Susana del acoso periodístico.

Con el pie puesto frenéticamente en el acelerador, los tortolitos recorrieron felices los doscientos kilómetros que los separaban de Poce-Sur Sysse, un castillo medieval que iba a servir de marco para sellar su amor. Allí, como el Príncipe Valiente o el rey Arturo, el oriundo de Villa Martelli juró defenderla y cuidarla. Ante tales caballerescas demostraciones, Susana no pudo más que creer que la vida le daba una nueva oportunidad.

El frío de ese fin de semana lo combatieron con un hogar a leña, frazadas y el calor que sus cuerpos se prodigaron. A la mañana desayunaron en la cabaña que habían alquilado, pero por la tarde decidieron enfrentar las bajas temperaturas y recorrer juntos los encantados bosques de los alrededores, que parecían invadidos por los duendes del amor.

La noche los descubrió muy próximos, intercambiando confidencias y voluptuosas caricias. Durante esos dos días, libres de las molestias que acarrea la fama, se sintieron felices y confiaron en la fuerza de la pasión que los unía.

El lunes tuvieron que volver a la realidad y dejar la ciudad que los había acogido con tanta alegría. De París saltaron a Nueva York, *Concorde* mediante. Allí Rodríguez dio muestras nuevamente de sus dotes de experto seductor. Pero esta vez, antes de reservar la suite 28 F, contrató los servicios de un guardia de seguridad, que como todo antecedente presentó sus ciento veinte kilos de músculos formados en un gimnasio del Bronx. Contra este gigantesco patovica chocaron una y mil veces los periodistas que intentaron registrar las escenas de amor de la pareja. Lo único que escucharon fue un *"Stop, please"*, repetido en forma constante.

Mientras la prensa luchaba contra esa masa de carne lista para matar, Jorge hacía arreglos con el famoso chef camboyano Sothha Khunn para que les preparara una opípara cena con productos de su país. Susana se sorprendió al ver los platos pero se negó a comer. *"Ya bajé siete kilos y no quiero subirlos con estos bichitos"*, alcanzó a decir la diva, antes de que le explicaran que esa comida era baja en calorías. Después de investigar los ingredientes del festín, la estrella comió con fruición y le agradeció a su pareja la magnífica velada.

Al día siguiente, martes 20, el dúo se desplazó hasta la zona de Broadway —el corazón del espectáculo mundial— para ver la película "Titanic", que semanas después iba a estrenarse en Buenos Aires. Para eludir a la prensa la diva se recostó sobre el asiento trasero del poderoso *Mercedes*. Y a gran velocidad huyeron por las calles de Manhattan.

Por la noche Rodríguez volvió a lucirse con otro detalle, que lo consagraría como un verdadero estratega del corazón. Previo desembolso de una buena cantidad de dólares, consiguió reservar la mejor mesa del exclusivo restaurante *Harry Cipriani*, ubicado exactamente al lado del gran ventanal que da a la Quinta Avenida. Pero no conforme con este privilegio usualmente inaccesible para un latino, le pidió al *maître* del local que reemplazara todas las rosas rojas de los floreros que engalanaban casa mesa por otras de color amarillo. El atribulado empleado intentó explicarle con muy buenos modales que eso era totalmente imposible ya que las flores formaban parte de la decoración tradicional del restaurante. Además, nunca nadie había hecho un pedido tan extraño.

Finalmente, y tal vez conmovido por los ruegos del latino o quizá temiendo una reacción violenta, el *maître* terminó aceptando la propuesta. Eso sí, exigió que el argentino se encargase de la compra de las flores y lo envió a la florería más chic de Manhattan, propiedad del italiano Silvano Lorusso.

Cuando Susana entró en el local y vio en cada mesa rosas amarillas no lo pudo creer. *"Es brutal"*, repitió varias veces la agasajada. Definitivamente, Jorge Rodríguez entraba en el cielo de los *latin lovers* a fuerza de simpatía y verdes billetes.

Como cierre de la espectacular estadía en Nueva York, la última noche fueron a tomar una copa al *River Café*, al pie del puente de Brooklyn. Cuando la pareja entraba, el pianista comenzó a ejecutar la melodía de la "Sonata Patética" de Beethoven, una de las piezas preferidas de Susana. El hombre estaba dispuesto a demostrarle a cualquier precio que si ella le pedía la luna, él era capaz de conseguirla, bajarla y envolvérsela para regalo. Y esto es lo que Susana, por su parte, esperaba desde hacía años de su pareja. Decepcionada y triste por el desinterés de Huberto, descreída incluso de la sencillez de los jazmines con que alguna vez él la había conquistado, sucumbió de lleno en los brazos de Rodríguez, o más exactamente en los del amor que, estaba segura, volvía a llamar a su puerta.

La despedida en la puerta del hotel fue algo triste.

—*¿En serio te tenés que ir?*

—Sí, tengo que volver a trabajar para vos.

—*¿Pero me vas a llamar?*

—Claro que te voy a llamar.

—*No te olvides que cumplo años.*

—¡Tenés razón! Voy a tratar de no olvidarme.

—*Te voy a extrañar.*

—Yo también.

EL MEJOR CUMPLEAÑOS DE MI VIDA

De regreso en Miami, la diva se preparaba para cumplir cincuenta y cuatro años y ese no era, precisamente, un asunto que la alegrara demasiado. Además de los rebeldes kilos que se iban sumando a su famosa humanidad, el calendario fue siempre para ella otro enemigo a vencer.

Quizá por eso, cuando nació su nieta fue casi imposible que se pronunciara sobre el tema. Lejos de estar orgullosa e incapaz de aceptar su nueva condición, en todas las notas se refería a la recién nacida como *"la hija de Mercedes"*. Pensaba que asumir su abuelazgo significaba recibirse de vieja y eso era algo que no podía soportar. Es más, en su círculo íntimo hablaba de ese nacimiento como de *"una traición de Mechita"*.

Un año después, eligió nuevamente a la revista *Gente* para hablar por primera vez de la pequeña Lucía. En la nota se calificó como *"la pionera de las abuelas modernas"*. Y aclaró: *"Soy pionera porque ahora las abuelas nos vestimos con jeans y tenemos tetas de plástico"*. Huberto, en cambio, asumió con más responsabilidad la parte que le tocaba y hasta se daba el lujo de bromear con el tema. *"Soy el abuelo más joven de la historia"*, repetía entre sonrisas.

Incluso cuando se iniciaron los trámites de divorcio, el caballero puso especial énfasis en que quedara abierta la posibilidad de seguir viendo a los pequeños —Mercedes ya había tenido otro hijo—, dado que se había encariñado realmente con ellos. Su abogado lo impulsó a poner ese pedido entre las exigencias del acuerdo de divorcio.

Otro de los detalles que iba marcando la lucha de Susana contra el tiempo fueron sus últimas parejas. Ejerciendo una especie de vampirismo sentimental, después de su ruptura con Carlos Monzón la diva se fue rodeando de gente más joven.

El primer elegido fue Ricardo Darín, un novel actor que logró ganarse su corazón gracias a la desfachatez propia de su juventud. Incluso el artista, cuando apenas era un niño, había trabajado junto a Susana Giménez y Arturo Puig en la película "He nacido en la Ribera". En ese entonces ninguno de los protagonistas imaginaba que terminarían componiendo una de las parejas más promocionadas del ambiente artístico. De Ricardito tomó la juventud y la alegría que este muchacho le brindaba, además de haber aprendido con él a reírse de sí misma.

Huberto también era mucho más joven que ella cuando se conocieron. Susana tenía cuarenta y cuatro años y él treinta y seis. Junto a este hombre quiso retener la juventud que se le escapaba y reforzar su imagen gracias a la buena presencia del polista y su fama de millonario de alta alcurnia.

Jorge Rodríguez, al igual que su ex marido, tenía treinta y seis años cuando conoció a Susana y comenzó con el incesante truco de las flores. La única diferencia fue que ella ya soportaba diez años más en su haber.

Con todos intentó transfundirse juventud. Quiso verse joven a través del espejo de los demás. Las hojas del almanaque caían indefectiblemente, pero ella amortiguaba el efecto rodeándose de lozanos hombres.

En alguna de estas cuestiones estaría pensando Susana cuando se incorporó sobresaltada por unos bocinazos, que resonaban en la plácida mañana del 29 de enero, en la exclusiva Fisher Island. Al asomarse a la ventana de su imponente departamento, sus ojos se toparon con una impresionante limusina negra en la que estaba montado el inefable Jorge Rodríguez.

"¡No lo puedo creer!", gritó la estrella. Y ese grito se repitió cien veces más cuando un camión de la florería más importante de Miami llegaba con setecientas veinte rosas amarillas repartidas en veinticinco jarrones.

Halagada y feliz, Susana ordenó que le trajeran su cámara

personal para registrar esas imágenes, que merecerían figurar en el libro *Guiness* de los récords.

La sorpresa por la visita de su pretendiente fue absoluta, ya que el día anterior se habían comunicado por teléfono y Rodríguez le había dado la mala noticia de que no podía viajar para su cumpleaños debido a sus múltiples compromisos laborales. Lo que no le contó a Su es que ya tenía pasajes en primera para el vuelo 908 de *American Airlines*. El encargado de conseguirlos y de actuar como cómplice habría sido Luis Cella, quien a esta altura sería algo así como el *alter ego* del empresario.

Apenas entró en el fastuoso piso de la actriz, el caballero fue compensado por tantas molestias con un sonoro beso y un apasionado abrazo.

A CARA DE PERRO

Después de los arrumacos que se prodigaron, la estrella tomó una decisión fundamental: presentarle su nuevo novio a Jazmín. Hasta ese momento el perro y el hombre no se habían cruzado más que de manera circunstancial en los estudios de Telefé, cuando Rodríguez era sólo un socio de su "mamá". Pero ahora estaba jugando otro papel y la reacción del can era para Susana más que importante.

La primera actitud del pequeño Yorkshire fue de desconfianza. Para hacerla evidente emitió sus habituales chillidos de desaprobación cuando algo no le gusta. Sin duda, el animalito quería más a Huberto que a ese desconocido todo vestido de negro.

El cariño que el polista siempre le había brindado pesaba a la hora de juzgar al reemplazante. Si bien era cierto que Jazmín era propiedad de Susana, el marqués se encargaba en realidad de cuidarlo, pasearlo e, incluso, llevarlo varias veces a procrear con otras perritas de su misma raza. A Su le gustaba jugar con él, pero era su marido quien se ocupaba del trabajo sucio. Por todo esto era lógica una demostración de fidelidad de parte de Jazmín. Quizás una de las pocas que recibiría el polista del entorno de la conductora.

Ansiosa por contarle todas la novedades a su novio, Susana casi no lo dejó desayunar. Como una chica en su fiesta de quince, arrastró al fatigado hombre rumbo a las cocheras de un edificio enclavado en la zona más cara de Miami. *"¿A que no sabés qué me compré de regalo?"*. Sin ganas de arriesgar respuestas, Rodríguez se dejó llevar mansamente y esta vez fue él el sorprendido. Junto al otro *Mercedes Benz* de Susana descansaba un *Rolls Royce* descapotable, modelo *Corniche III*, valuado en 150.000 dólares. Ese era su regalo personal.

Al mediodía, con Jorge agotado por el viaje, toda la comitiva se subió al nuevo auto de Susana para dirigirse al *Beach Club*, un exclusivo restaurante con vista al mar. Con ellos estaban Luis Cella y Pet Figueroa, otro gran amigo de Susana de toda la vida, a pesar de que la había traicionado dos años antes al dejarla para irse a trabajar con Mirtha Legrand.

Después de un almuerzo muy frugal en el que Susana no dejaba de hablar —*"Contame qué dicen en Buenos Aires"*, fue la frase que más se le escuchó repetir—, todos decidieron ir a descansar.

Ya en su piso, la diva se recluyó en su habitación y antes de cerrar los ojos se aplicó unas nuevas cremas que le había traído su hija para revitalizar la piel y endurecer los músculos. La propia Mercedes habría sido la encargada de conseguir los rejuvenecedores y mágicos potingues.

UN PASEO POR BAL HARBOUR

Mientras Susana descansaba, Rodríguez aprovechó para recorrer todo el shopping de Bal Harbour, el más caro de la ciudad americana y el elegido por los argentinos ricos para gastar su dinero, y por los pobres para soñar por unas horas que el paraíso del *jet set* está al alcance de sus manos.

Por sus exclusivas tiendas es habitual que circulen Madonna, Bernardo Neustadt —allí compra sus trajes—, la familia Macri y, hasta su estrepitosa caída, Liz Fassi Lavalle. Son tantos los connacionales que pasean por el lugar, que en el primer piso hay una cafetería llamada *Santa Fe*, atendida por argentinos y cuya principal entrada de dinero es la venta de revistas del país. En la planta baja del shopping abrió una sucursal el restaurante *La Rosa Negra*, del que, se dice, es socio Neustadt. Por lo menos, su esposa fue la elegida para decorar los interiores.

Tentado por la sofisticación de las ofertas, Rodríguez se sumergió en la exclusiva joyería *Tiffany's* para comprarle un regalo a la mujer que le había brindado su corazón y también un camino llano para obtener suculentas ganancias. Sin vacilar, eligió un solitario de oro blanco y brillantes que resplandecía en la vidriera. Ni siquiera pestañeó cuando la vendedora le reveló su precio: 25.000 dólares.

"¿Estás seguro?", le preguntó un absorto Luis Cella a su nuevo amigo. *"Mirá que yo conozco otros lugares donde lo podés conseguir más barato"*, intentó disuadirlo el productor. *"Es lo mínimo que merece una reina."* Y dicho esto desembolsó sin pudor la astronómica suma que le habían pedido.

Cella, más humilde, entró en la boutique de *Armani* donde eligió una cartera. Bonita, pero más barata. Su porcentaje en las ganancias que daba el fenómeno Susana todavía no le permitía incurrir en gastos tan excesivos. Además, se convenció, al lado del anillo cualquier presente iba a parecer una baratija comprada en la calle Libertad.

Con las billeteras más livianas, se fueron a descansar porque por la noche se iba a realizar el festejo oficial del cumpleaños y al otro día debían regresar a Buenos Aires.

LA FIESTITA

Exactamente a las ocho y media de la noche, los invitados comenzaron a llegar al restaurante *La Mansión Vanderbilt,* un exclusivo reducto con tan sólo ocho mesas, ubicado en Fisher Island y abierto únicamente para los habitantes del complejo. Nadie ajeno a él puede ingresar, porque a los "extraños" les está incluso vedado el acceso al transbordador que une a Miami con la suntuosa isla.

El primero en llegar fue Juan Alberto Mateyko, infaltable a la hora de los festejos faranduleros. Junto a él arribó Palito Ortega, quien hizo un alto en los preparativos de su viaje a Buenos Aires para compartir una ocasión tan especial. El "Rey" llegó solo; su esposa, Evangelina Salazar, se disculpó asegurando que estaba con unas líneas de fiebre. Cuentan algunos infidentes que, en realidad, habría optado por no asistir para no verse involucrada en el escándalo que ya había comenzado a desplegarse en Buenos Aires. Le habría parecido de mal gusto avalar con su presencia la supuesta infidelidad de Susana. Su cónyuge, en cambio, ni siquiera pensó en estos detalles. Prefirió ante todo no quedar mal con la reina del rating, bendita palabra que se convierte en millones de personas a la hora de lanzar una campaña política, fundamentalmente para quien sueña con colocarse alguna vez la banda que luce Carlos Menem. La mesa se completó con Jorge Rodríguez, Mercedes y su esposo, Eduardo Celasco, Pet Figueroa y Luis Cella.

Después de ordenar un vino francés cosecha '93 valuado en 950 dólares, todos los comensales probaron la especialidad de la casa: Lasagnetas de langostinos. A la hora del brindis final —todos con champagne menos Susana que lo hizo con gaseosa—, Jorge le pidió a su novia que no soplara la velita antes de abrir su regalo. Al descubrir el magnífico anillo, Susana volvió a convencerse de que ese era el hombre de su vida. En pocos meses había gastado mucho más dinero en ella que Huberto en los diez años de casados. Y este no era un detalle.

El agradecimiento se convirtió en un amoroso beso que fue rápidamente registrado por las cámaras del "Muñeco" Mateyko, quien le ordenaba al camarógrafo que hiciera las mejores tomas sin molestar a la diva. Una semana después, esas escenas de felicidad eran puestas al aire en el ciclo La movida del verano, que todos los años conduce el animador en la pantalla de Telefé.

Hubo un invitado que faltó a la cita, pero que pudo observar en detalle cada una de las tomas de amor. El gran ausente fue Huberto Roviralta, quien ese domingo a la noche se sentó a ver el ciclo televisivo para terminar de convencerse del romance de su mujer. Cuando se comenzaron a emitir las imágenes, el polista decidió pasar a la acción directa. Ya había visto las fotos, pero verlos actuando en pantalla era otra cosa. Sobre todo porque sus amigos no dejaban de llamarlo por teléfono para solidarizarse con él y despotricar contra Susana y su nueva pareja.

"Esta guacha me está dejando como un tarado. Encima la corte de chupamedias que tiene al lado le festejan todo. Esto se termina ahora mismo", exclamó indignado Roviralta frente al televisor.

Sin pensar en las consecuencias futuras de sus acciones, Susana intentaba aprovechar al máximo esa visita inesperada de su novio.

Al otro día el grupo se levantó temprano para subirse al descapotable blanco de la diva, que en el tranquilo tránsito de Miami, llama a gozar del vicio de manejar. Susana condujo hasta Ocean Beach, otro de los reductos más importantes de la ciudad balnearia, para recalar en el *Café Milano*, pegadito al *News* y también famoso punto de encuentro de los argentinos (tal vez por eso Giménez lo detesta un poco). Después de compartir un almuerzo liviano, se fueron al Dowtown, donde Rodríguez se compró un buzo antiflama para usar en su moto.

La despedida se produjo en el shopping de Bal Harbour y allí, con un gran sombrero de piel de tigre y Jazmín en su regazo, la estrella le confió a su amado que ese había sido el mejor cumpleaños de su vida.

Lo que ignoraba Susana era que su ex en Buenos Aires le tenía también reservado un inolvidable regalo. Por el momento, ella seguía disfrutando de un cuento de hadas, que la tenía como absoluta protagonista.

El CONTRAATAQUE DE ROVIRALTA

—¡QUÉ DECÍS, estás loco!

—Es verdad lo que te digo. Huberto está dispuesto a deschavar el tema de tu guita.

—No digas boludeces. El es un caballero.

—Sí, un caballero que no se quiere ir de Dardo Rocha hasta que no arregle el tema del reparto de bienes.

—¡Pero hijo de puta, qué más quiere de mí! ¡Que se vaya inmediatamente de allí!

—Si no venís vos veo difícil que lo haga. Además, anda diciendo por ahí que tiene los datos de tus cuentas personales.

—Yo lo mato. ¿Qué le paso a ese muerto de hambre?

—Veníte urgente antes de que hable. Dice que tiene todo anotado; desde tus negocios en negro hasta la cuenta en Nueva York.

—Voy para allá. No sabe lo que le espera.

Como ya se ha referido en este libro, Susana a esta altura de los acontecimientos sabía que en los últimos tiempos su esposo había fotocopiado sus papeles. Pero estaba tranquila porque todo estaba en orden. Lo único que le preocupaba era una posible alianza con su otro enemigo, Ovidio García, y que revelara detalles de sus movimientos financieros a la prensa.

"Quiero 45 millones", fue el contundente pedido que recibió de parte de Roviralta José María Orgeira, el abogado de Susana. El hombre era experto en las durezas judiciales y ninguna amenaza ni cifra iban a amedrentarlo. Para entender su férrea actitud, es impor-

tante recordar que fue uno de los defensores del ex dictador Jorge Rafael Videla, durante el juicio que se les siguió a las juntas militares. Su rostro, algunos años antes, había sido parte de una intensa campaña publicitaria de una conocida marca de whisky dirigida a la "gente como uno", en la época en que nuestro país se sumía en su historia más negra.

Más acá en el tiempo, en los pasillos de Tribunales se comentaba en voz baja su estrecha relación con el ex juez Francisco Trovato, quien alcanzó la fama por el caso Armentano-Cóppola y la desperdició por un placard.

—¿Pero de dónde saca usted esa cifra?

—De los más de 90.000.000 de dólares que ganó Susana mientras estuvo casada conmigo

—Ese es un disparate que mi cliente rechazará sin miramientos.

—Hagan lo que quieran, pero si no aparece ese dinero yo me voy a encargar de difundir las cuentas de mi esposa.

—Usted no haría eso, es un caballero. Además, ¿qué pruebas tiene?

—Quédese tranquilo doctor, que cuando llegue el momento las voy a mostrar. Tengo buena memoria y la virtud de anotar todo. Y lo que no se pudo anotar, se copia. Ese es el dinero que quiero.

Huberto quería exactamente la mitad de lo que habría ganado Susana en su exitosa carrera como conductora de televisión. Junto a ella, en esos años, él había aprendido las reglas del juego y también se había dado cuenta de que su mujer era una máquina de hacer dinero.

Anticipando un final abrupto, el desleal marido habría tomado nota meticulosamente de cada uno de los movimientos financieros y comerciales de Giménez. En sus registros figuraban los contratos con Telefé y los ingresos percibidos por los perfumes, las muñequitas, los discos, las publicidades, las repeticiones de su programa en Miami y los fabulosos concursos. Pero, fundamentalmente, los giros monetarios que la estrella habría realizado a los Estados Unidos.

Sabía también que el contrato prematrimonial de bienes que habían firmado era una verdadera fantochada. Sus abogados ya le habían adelantado que era totalmente ilegal y que no servía para nada.

El cincuenta por ciento de los bienes gananciales eran para él gracias al querido Vélez Sarfield y su Código Civil.

BODAS DE PAPEL

¿Existió realmente un acuerdo prenupcial entre Susana y Huberto?

Definitivamente sí. El documento se firmó semanas antes de casarse frente a un escribano público. Incluso fue exhibido por sus respectivos abogados a la hora de pactar el divorcio, para llegar a un acuerdo económico. Susana misma se lo había confirmado a la revista *Gente* en diciembre de 1988.

—Dicen que entre vos y Huberto firmaron un documento en el que especifican la división de bienes, ¿es verdad?

—Claro que es verdad. Hicimos la separación de bienes como hace todo el mundo. Como hicieron Jackie Kennedy y Onassis.

Lo que no tuvo en cuenta la actriz fue que las leyes argentinas y las de los Estados Unidos son muy diferentes.

—Pero, ¿qué documentos puede tener?

—Los tiene, Susana. Tenemos que evitar que caigan en manos de la gente que no te quiere. Me dicen que estaría dispuesto a entregárselos a Ovidio García. ¿Te imaginás el escándalo?

—No puede tener nada. Yo me cuidé.

—Por las dudas arreglemos. Vamos a ofrecerle dinero para compensarlo.

—¡Encima lo tengo que indemnizar! ¿A mí nadie me protege?

El asunto comenzaba a tomar un perfil siniestro que nadie pudo predecir. Huberto, el príncipe consorte, el hombre que había sido poco menos que la sombra de Su, un día se había recibido de pícaro.

De todas maneras, la estrella televisiva ya tenía desagradables presentimientos. Luego de su anterior separación en 1994, le habían recomendado que tuviera más cuidado con sus finanzas y sus movimientos bancarios. Tal vez por eso, cuentan, desde esa fecha la actriz se habría manejado con, por lo menos, cinco testaferros que trabajarían a su nombre, como una manera de evitar que narices indiscretas se metieran en sus cuentas privadas.

—*¿Y cuánto le ofrecemos?*

—Qué se yo ¿un millón?

—*Susana...*

—Tres...

—*Vamos, Susana.*

—¡Pero cuánto quiere este tipo! ¡Quiere mi sangre también!

—*Si le ofrecemos menos de 10 millones nadie lo va a creer. Tu fortuna es pública así que es mejor hacer un mal arreglo que después ganar un buen juicio. De paso, nos sacamos de encima a la DGI. Ya hay gente molesta con este asunto de ventilar tantos millones.*

—Ni me hables de la DGI. Ya tuve problemas una vez y no quiero volver a lo mismo. Arregláme todo.

—*Ah, además quiere quedarse con la casa de Dardo Rocha y con Jazmín.*

—¡Está totalmente loco! Lo voy a reventar.

HOMBRES DE ARMAS LLEVAR

Mientras todo esto sucedía, los periodistas especializados se dividían entre los que se quedaban con la historia romántica y los que investigaban a sus personajes secundarios.

Más exactamente a Jorge Rodríguez, socio del ex montonero Rodolfo Galimberti, y a la abogada María Rosa Madariaga, también representante legal de Marta McCormack, alguna vez ligada sentimental y criminalmente con Massera, como ya se dijo.

Montoneros y militares otra vez ocupando el centro de la historia.

Esta vez sin la violencia de antaño y, si se quiere, con un toque de frivolidad, pero convirtiendo esta novela de amor y desengaños en una trama mucho más escabrosa de poder y dinero. Tanto que de las páginas de *Crónica* el tema pasó a ocupar los titulares de *Página/12.*

Había algo más en todo esto. Y tal vez por ser consciente de esta situación, en la última etapa de su matrimonio Huberto le había pedido a su esposa que se alejara de quienes la rodeaban.

—*Vos no sabés con quiénes te metés.*

—Siempre desconfiando de todo. Por primera vez siento que alguien se me acerca para traerme un negocio y no para sacarme plata.

—*¿Alguna vez te preguntaste qué se llevan ellos a cambio y por qué te eligieron?*

—Por mi éxito

—*Te están usando Susana. Sacáte de encima a ese Rodríguez y a Luis Cella, que fue él el que los trajo. Hacélo y después tratemos de recomponer lo nuestro.*

—¿Qué tiene que ver lo nuestro con esto? Dejáte de joder y si no me querés perder ocupate más de mí.

UN VOLCÁN EN EXTINCIÓN

En esto tenía razón Susana. El polista últimamente no se ocupaba de su mujer como correspondía. Más allá de que a la estrella mucho no le interesaba el tema —una vez les aseguró a sus amigas que tener mucho sexo arruinaba el cutis—, lo cierto es que en el círculo íntimo se afirmaba que desde hacía meses la pareja no mantenía relaciones.

Muy en el recuerdo parecieron quedar aquellos tiempos en que Susana era una verdadera *sex symbol* y la fogosidad, una materia que rendía con periódico ritmo. De estas cualidades pueden dar fe quienes trabajaron en la película "La Mary" y fueron espectadores privilegiados de la primera escena de sexo que tuvo que jugar la actriz junto a Carlos Monzón.

El libro marcaba que ambos tenían que acostarse y mantener relaciones íntimas. Ella se metió en el supuesto lecho conyugal semivestida. El, en cambio, lo hizo como Dios lo trajo al mundo. Cuando el director Daniel Tinayre gritó *corten*, ninguno de los protagonistas lo quiso escuchar y la escena se extendió en el tiempo. Nunca el cine argentino registró una situación de sexo tan real como esa.

Pero esta historia pertenece al pasado. El presente señalaba que la pasión que un día supo despertar la diva se había transformado en avidez por su dinero.

Después de que el famoso cenicero fuera a parar a la nariz de

Huberto, sus abogados expusieron la decisión del polista de alzarse con el cincuenta por ciento de los bienes conyugales. Esa era la única posibilidad de arreglo. Sin embargo, en ese mismo día pero a las seis de la tarde y luego de haber ingerido el ex matrimonio una dosis considerable de calmantes, se estableció un pacto de paz y no agresión.

En el estudio del abogado Orgeira, las dos partes —en el caso de Huberto, el letrado Jorge Videla— redactaron un principio de acuerdo donde se dejaba constancia de que Roviralta abandonaba la casa de la calle Dardo Rocha por pedido expreso de su mujer y no en forma voluntaria.

El polista mantenía mientras tanto el derecho a ocupar la casona del country Tortugas y en un último punto, tal vez el más insólito a la luz de los hechos, se dejaba sentada la posibilidad de que ambos se encargaran del cuidado de Jazmín.

Media hora después de sellarse el trato, Eduardo Celasco se subió a su *BMW* negro y llevó dos copias a la casona del Barrio Parque. Allí las firmaron Susana y Huberto. Mientras esperaban el documento, una más calma Susana intentaba dialogar con su ex marido.

—*¿Qué nos pasó Huberto?*

—...

— *Sé que te lastimé, pero te pido perdón.*

—...

—*Los dos sabíamos que lo nuestro ya no iba. Lo único que te pido es que evitemos el papelón.*

—El papelón lo hiciste vos, no yo. No hablemos más.

No había manera de encauzar una situación que para ese entonces era la comidilla de todo el país. Cientos de periodistas montaban guardia esperando alguna declaración o una nueva escena de pugilato como la que se había producido por la mañana. Incluso en la reunión de gabinete de ese día, los ministros comentaron con el presidente las vicisitudes del escándalo. Algunos se reían pero otros preferían callar, por temor a protagonizar alguna vez escenas semejantes.

Una vez firmado el acuerdo de paz, Huberto se fue de la casa a bordo de su camioneta *4x4* rumbo a su departamento de la calle Posadas que le había alquilado al hijo de su ex, Marta McCormack.

De dinero nunca se llegó a hablar oficialmente, pero *off the record* le hicieron llegar al ingeniero una oferta firme de 7.000.000 de dólares al contado y depositados en cuarenta y ocho horas en la cuenta que él indicase. Huberto no cedió: eran cuarenta y cinco o nada.

Persuadida de que el arreglo con su ex marido no iba a ser fácil y con información confidencial sobre los últimos pasos de Roviralta, que le había hecho llegar gente relacionada con Galimberti, la diva decidió ir al día siguiente a primera hora a la casa central del *Citibank*.

Allí solicitó el cambio de algunas de sus cuentas bancarias y cerró las que tenían en común; canceló las extensiones de sus tarjetas de crédito; pasó parte de sus bienes a nuevas cajas de seguridad y también habría aprovechado para girar dinero al exterior con la intención de salvar todo lo posible del incendio. De todos modos, dicen, habría llegado tarde ya que se encontró con dinero faltante en la cuenta conjunta y gastos no habituales realizados con el plástico.

Los hechos permitían ver que Roviralta, por las dudas, ya había comenzado a guardar algún capital para pasar el invierno.

Por la tarde, una exhausta pero bien producida Susana Giménez decidió enfrentar a la prensa en una conferencia en el *Hotel Alvear*. El destino —en el que tanto cree la actriz— le hacía una nueva jugada: el mismo hotel donde se había casado servía de escenario para anunciar su divorcio. La historia circular cerraba a la perfección.

En realidad la diva no tenía ninguna intención de exponerse ante los medios. Pero fue Gustavo Yankelevich quien terminó por convencerla de que se sometiera a la rueda de prensa.

"Es un minuto nada más y te los sacás de encima. Tenés que parar este escándalo porque en el canal todos están muy preocupados. Esto no te favorece a vos ni a nosotros. Hacélo o todo se va a complicar más. Te prometo que sólo estarán las cámaras de Telefé y el resto van a ser todos de diarios y revistas", le dijo el jerarca de la emisora a su máxima figura.

Lo que no pudo prever el productor fue que la conferencia de prensa, debido a un atraso, iba a coincidir con la salida al aire de los demás noticieros. Por eso cuando los periodistas se enteraron de que sólo las cámaras de Telefé iban a estar autorizadas para salir en vivo, armaron una pequeña rebelión que casi termina en nuevo escándalo.

Finalmente y a la fuerza, los movileros de las distintas señales ingresaron para llevarse las primeras palabras de la divorciada más famosa del país.

DE CARA A LOS MEDIOS

«DOY ESTA CONFERENCIA DE PRENSA porque ustedes no cumplieron la palabra de sacarme la guardia de la puerta de mi casa...Esta fue una situación que se me escapó de las manos, que nunca hubiese querido vivir en mi vida. Fue humillante, vergonzante. Pero son cosas que pasan, a cualquiera de ustedes le habrá pasado el tener una reacción violenta. Fue una discusión por cosas privadas, inherentes a nuestro divorcio y separación. Huberto me empujó, trató de agredirme y yo me defendí y le tiré un cenicero.»

Cuando Susana comenzó a hablar, los periodistas respiraron aliviados ya que la suspensión de la conferencia había sido casi un hecho. Cuando estaba por salir rumbo al hotel, la actriz, que seguía todas las alternativas del caso por el canal de cable Crónica, vio que los movileros de esa empresa continuaban transmitiendo en vivo desde la puerta de su casa.

"¡Estos se creen que soy una boluda! Dolores, suspendé de inmediato la conferencia. Me tienen podrida."

Preocupada, Dolores Mayol, vocera de la estrella, que ya había intentado en distintas oportunidades convencer a los pocos cronistas que se encontraban en el lugar para que lo abandonaran, les rogó:

"Si no se van, Susana no sale. Chicos, por favor".

Durante varios minutos hubo cabildeos al respecto: todo finalizó cuando Susana recibió una nueva llamada desde las oficinas jerárquicas de Telefé para averiguar qué estaba sucediendo.

"Susana, por favor, andá al hotel y poné la cara o se pudre todo. Además tenés que llegar antes de que se termine el noticiero. ¡Apuráte!"

Hasta en su mayor desgracia, Susana era la llave perfecta para conseguir unos puntitos más de rating. Así lo demostraban claramente las mediciones de los informativos y los programas de espectáculos que, gracias a esta batahola, habían logrado aumentar y hasta duplicar sus escasos puntajes. El diario *Crónica*, sin ir más lejos, agotó su sexta edición de la jornada del escándalo en menos de una hora.

Fiel a esa premisa del espectáculo —seguramente inventada por un empresario— que dice "el show debe seguir", Susana puso su mejor voluntad y ese dirigió a la Recoleta. Mientras iba en su *Mercedes* pensó en los 10.000.000 de dólares por año —sólo en calidad de honorarios— que le entregaba el canal que la tiene contratada, y se dijo que sí, que ese era un buen motivo para aceptar las sugerencias de sus empleadores. Un sacrificio con varios ceros que valía la pena hacer.

CONFESIONES VERDADERAS

"Jamás se habló de una cifra de dinero entre nosotros y quiero que quede bien en claro. Yo me entero de posibles sumas por lo que leo en diarios y revistas. No sé si pasará más adelante, pero por ahora de dinero no hablamos."

Susana no mentía. Hasta ese preciso momento ni ella ni su ex se habían atrevido a hablar de cifras concretas. El por vergüenza. Ella por temor a escuchar una cifra que la volviera a poner violenta. Eran sus abogados los que frenéticamente hacían y deshacían negociaciones millonarias. Horas después, la diva se enteraría oficialmente de lo que le iban a costar esos diez años de convivencia.

"No sé lo que pasó por su cabeza. A lo mejor está influenciado por sus abogados o vaya a saber quién le dijo que se haga pasar por víctima. Yo creí que esto lo íbamos a poder solucionar entre nosotros y no recurriendo a los abogados. Evidentemente con este accionar hay un interés de Huberto, pero yo no estoy en su cabeza. El sabrá por qué lo hizo."

Todos los informes que en las últimas semanas le fueron llegando a Susana sobre los movimientos de su ex terminaron por convencerla de que detrás de Huberto había alguien más. ¿Quizá Marta McCormack?

"Alguien lo tiene que estar asesorando. Huberto no es tan vivo para hacer esto. ¿Se despertó de golpe y dejó de ser el autista que vivió al lado mío? No, a él no se le puede ocurrir una cosa tan maquiavélica", les repetía una y otra vez Susana a los amigos y familiares que se acercaban para brindarle su apoyo.

Finalmente, cuando la conferencia estaba por terminar, la diva ingresó con timidez en el terreno de las supuestas infidelidades de Roviralta.

"Hace muchos años que trato de salvar mi pareja, sufriendo, no sé si humillaciones es la palabra, pero sí pudieron ser infidelidades."

Infidelidades. En plural, porque Susana había contabilizado muchas. De algunas tenía pruebas concluyentes por las fotos que le habían hecho llegar los editores de dos revistas amigas. En varias tomas que obraban en su poder, se veía a su marido en actitud más que sospechosa. Por supuesto que ese comprometedor material nunca fue publicado. Los directores compraban las fotos en importantes sumas de dinero y luego se las entregaban a la conductora como prueba de incondicional lealtad. Resultaba más productivo tenerla de amiga que destruirla.

La conferencia finalizó como había comenzado, en forma desordenada. La diva se levantó de pronto y dijo *"Se terminó"*. Lo mismo pensaron los amigos de Susana, la gente de Telefé y, sobre todo, los vecinos de Barrio Parque que vieron con desagrado cómo su aristocrático ghetto era invadido por hordas de desclasados que espiaban sus lujosas casas con promiscua curiosidad.

Hasta Jacobo Winograd, estrella del ciclo de Mauro Viale, se había acercado por la noche para llevarles sandwiches de chorizo a los hombres de prensa que montaban guardia en la puerta de la casa de Su. Finalmente y tal como lo demostraban los hechos, pensaban los habitantes del barrio, la actriz había sacado a relucir su falta de clase y sus costumbres de nueva rica.

Superada la primera semana del conflicto, las aguas comenzaron a apaciguarse, aunque ambas partes por intermedio de sus abogados siguieron trabajando incansablemente para llegar a un acuerdo. Las conversaciones post-escándalo fueron bastante cordiales e, incluso, se había encontrado un pacífico modo de repartirse algunos de los bienes inmobiliarios. El pacto indicaría que la casona de la calle Dardo Rocha quedaría en manos de la diva, mientras que la residencia del country Tortugas pasaría a manos del polista.

Lo que seguía sin poder resolverse era el tema del bendito dinero. Si bien los abogados de Susana ya habían llegado a ofertar una cifra cercana a los 12.000.000 de dólares, los representantes de Roviralta no se movían de los 45.000.000 iniciales. El tiempo apremiaba ya que la tregua de una semana que se había acordado el día del cenicero volador se iba agotando y en el horizonte se veía otra pelea en ciernes.

Intentando mantenerse ajena a los vaivenes legales, la conductora seguía exhibiéndose con su nueva pareja. El sábado 14 de febrero se dedicaron a pasear por el delta del Tigre para recalar por la noche en el exclusivo restaurante*La Rosa Negra*, en San Isidro. Allí se sumó a la partida Rodolfo Galimberti.

Durante la velada —que se desarrolló en el primer piso especialmente reservado para la ocasión— los comensales comentaron los acontecimientos de los últimos días. Susana pudo constatar en ese momento el apoyo incondicional que estaban dispuestos a brindarle sus nuevos amigos.

"Quedáte tranquila que nosotros tenemos muy buenos contactos y algo vamos a hacer para parar a este tipo. Lo que queremos es que te quedes tranquila y que sepas que estamos con vos. Eso te lo decimos de parte nuestra y también de Born. Lo que necesités está a tu disposición", proclamó un encendido Galimberti intentando calmar a su millonaria socia.

Aprovechando la solidaridad de sus interlocutores, la diva se atrevió a mencionar que sentía que entre sus colaboradores existía "un Judas" que la estaba traicionando, filtrando información a Huberto y a la prensa. El ex guerrillero le dijo que no se preocupara, que él lo iba a arreglar de inmediato. Extrañamente, al otro día todas las líneas telefónicas de los colaboradores de Susana fueron intervenidas. Enterados de la situación, tanto los productores como sus empleados se cuidaron muy bien de hacer comentarios comprometidos por esta vía para evitar así las iras de su famosa patrona.

Poco a poco, lo que parecía ser un divorcio más en el frívolo mundo del espectáculo tomaba un cariz digno de una película de James Bond.

Después de la cena con Galimberti y Rodríguez, segura de tener las espaldas bien protegidas, la actriz se alejó del restaurante a bordo de su auto. Walter, el chofer que la conducía, tomó la ruta Panamericana a gran velocidad. Como ya era habitual, cada movimiento de la conductora era seguido por un grupo de fotógrafos que, al mejor estilo europeo, se movilizaban en motos de alta cilindrada.

Cuando el chofer de Susana intentó ingresar en la vía rápida de esa ruta, rozó levemente a uno de los *paparazzi* y el coche se cruzó de carril de manera más que peligrosa. Por un momento, la maniobra estuvo a punto de ocasionar una nueva tragedia. La estrella sólo se limitó a pedirle a Walter que se calmara y exclamó: *"Lo único que me falta es terminar como Lady Di. ¡Por Dios! ¡Que me dejen en paz!"*

SEGUNDO ROUND

El miércoles 18 no era para Susana un día más. Antes de las seis de la tarde las partes tenían que ponerse de acuerdo, o la guerra continuaba. Desde el día anterior, la actriz venía recibiendo los insistentes llamados de la producción de Hora Clave para concurrir al programa. Incluso Mariano Grondona le había telefoneado dos veces.

"Disculpáme Mariano, pero estamos en vísperas de un arreglo y me comprometí a no hablar más. Te pido que me entiendas pero quiero salir de este infierno", explicó la diva excusándose. Tenía esperanzas de solucionar todo y poder irse por fin a descansar a Miami, muy lejos del fantasma de Huberto.

Pero el arreglo no se produjo y, diez minutos pasadas las seis de la tarde, un enojado Roviralta ingresó intempestivamente en la casa del Barrio Parque.

—*¿Otra vez acá?*

—Sí. La tregua se terminó y vengo a mi casa, como corresponde.

—*Te pido por favor que paremos esto. Andáte de acá porque ya no aguanto más.*

—Esta es mi casa y vengo a quedarme. Estoy en mi derecho.

—*Huberto, somos grandes. Andáte y terminemos todo de una vez. Me engañaste, viviste de mí, me robaste y ahora te vas a quedar con mi plata. ¿Qué más querés? ¿Volverme loca?*

Tal vez esa era la estrategia de Huberto. O la de sus abogados. O de quienes lo asesoraban calculadoramente.

Cansada de pelear, Susana optó por tomar algunas de sus pertenencias e irse rumbo a su casa de Tortugas. Era imposible pasar un minuto más bajo el mismo techo sin que otro cenicero volara, tal vez con mucha más precisión que el primer día. En la casa quedaron Mercedes y Eduardo Celasco, quien intentó convencer a su otrora amigo de la conveniencia de terminar con todo ese show mediático.

Mientras su auto se dirigía a Pilar, la conductora tomó su celular y marcó con decisión el teléfono de Mariano Grondona.

"Contá conmigo para mañana. Voy a ir a tu programa para contar mi verdad y denunciar la injusticia de las leyes argentinas. Me cansé de todo. Lo único que te pido es hablar nada más que con vos y no con invitados. De otro modo me levanto y me voy. Confío en vos."

De esta manera la animadora volvía al campo de batalla haciendo uso del arma que mejor maneja: los medios de comunicación.

Al llegar al country se comunicó con sus colaboradores más directos para anunciarles la decisión. Héctor Grigioni, uno de sus productores más veteranos, le preguntó tímidamente si ya se lo había comentado a Gustavo Yankelevich. El interrogante obedecía a motivos concretos. Bien conocidos son los enojos del mandamás de la emisora cuando sus figuras más relevantes deciden presentarse en otros canales.

Cuando Yankelevich se enteró, su primera intención fue impedir que la diva concurriera a Canal 9, ofreciéndole un espacio en Telefé para hacer su descargo.

"Entendéme Gustavo, por favor. Voy a hablar de mi problema y no a conducir. No me presiones con el contrato de exclusividad. Además, ¿qué me podés ofrecer en el canal? ¿El noticiero?, ¿Cebollitas?

Ya me comprometí con Grondona y creo que es lo mejor que puedo hacer. Quiero que la gente tome en serio el terrible momento que estoy atravesando."

Yankelevich finalmente aceptó la decisión de su estrella reiterándole su apoyo incondicional, pero le hizo una única recomendación: que tuviera cuidado con lo que iba a decir.

Persuadida de estar haciendo lo correcto y pasadas las 21.30 del jueves, Susana ingresó en los nuevos estudios de Canal 9. Lo primero que hizo fue elogiar el lugar y reírse cuando se descubrió, mucho más joven, en una de las fotos blanco y negro que tapizan el ancho pasillo de entrada. Extrañó, eso sí, la ausencia de Alejandro Romay quien, seguramente, la hubiera recibido como a una verdadera reina. La bienvenida se la dieron en cambio Marcos Cytrimblum y el representante australiano. Este último, horas antes, había solicitado que le contaran todo sobre esa señora que iba a su canal y que durante semanas se mantuvo en las primeras planas de los diarios.

Acompañada por Grigioni y su yerno Eduardo Celasco, Giménez ocupó por unos minutos uno de los camarines de la emisora y recibió el saludo de los productores de Hora Clave. Se retocó un poco el maquillaje y cuando ya estaba todo listo para entrar en el estudio, la estrella gritó: *"¡Tengo ganas de hacer pis!"*. Rápidamente buscó uno de los baños del canal y se encontró con el primero clausurado. Nerviosa por la situación y por la molesta cámara del noticiero del 9 que la seguía a todos lados, decidió entrar en el de hombres. Con furia pero sonriendo, la conductora le cerró la puerta al camarógrafo. *"Lo único que me falta es que me graben mientras hago pis."*

Más de cincuenta fotógrafos de distintos medios estaban ya dispuestos a ametrallar su figura. El primer ataque se produjo cuando Susana y Mariano se dieron un cariñoso beso. Juntos se alejaron un poco de los chasiretes para hablar por varios minutos de los temas que iban a tocar.

Cuando la música del filme "La Misión" sonó marcando la apertura del programa, un silencio absoluto se instaló entre todos los presentes. Sin dejar de jugar nerviosamente con sus anillos, Susana escuchó atenta la introducción del conductor. Nuevamente se dijo que había tomado la decisión correcta pese a que sus abogados habían intentado convencerla primero de no ir y luego de prepararle las respuestas. *"Ni loca. A la gente siempre le dije lo que sentía y esta vez voy a hacer lo mismo."*

Con sinceridad, la diva comenzó su confesión televisiva ante un cauto y hasta complaciente entrevistador que no dejaba de pedir perdón por meterse en un tema que desconocía. Lo que no ignoraba Mariano era el rating que le iba a redituar esa farandulesca visita. Veinticinco puntos no era una cifra para despreciar. Tampoco desconocía las críticas que iba a recibir por romper con su estilo. Calculó entonces que si había salido indemne de sus cándidos reportajes a personajes tan controvertidos como Amira Yoma o Alfredo Yabrán, no lo iban a linchar por algo mucho más frívolo e intranscendente.

Tal vez pensando en todo esto, el doctor —como los casi tres millones de televidentes que la prefirieron al partido Argentina/ Rumania— se puso serio para escuchar a la más amada figura de la pantalla chica.

LA CONFESION DE SUSANA

COMO UNA ESPECIE DE *"YO ACUSO"* versión criolla, una Susana Giménez enfundada en un elegante vestido negro se confesó finalmente frente al Dios que rigió su vida: el público.

"A Huber le compré la ropa que tiene puesta, le pago la tarjeta de crédito. Cuando vino no tenía ni cepillo de dientes y cuando nos fuimos de luna de miel tampoco tenía valijas. Ni siquiera le daba propina al acomodador cuando íbamos al cine.

Yo le decía que tenía que colaborar en la casa con algo, no porque yo lo necesite. No necesito que pague la luz, pero lo hubiese respetado más. No puedo respetar a alguien que no hace ningún aporte, que no trabaja, que está todo el día jugando al polo..."

"Estuvimos nueve años casados y sería tonto de mi parte decir que no aportó nada. Debo ser media boluda para no darme cuenta. Pero al principio yo estaba enamorada y todo andaba bien. Cuando empecé a darme cuenta de cómo era, ya estaba casada. No me había querido casar nunca, salvo una vez y a los diecisiete años."

"A mí me decían cosas de Huberto, leía que salía con otras, pero no me podía detener a pensar porque necesitaba tener la cabeza fresca para hacer todo mi trabajo. Yo, en cambio, en los nueve años de casados y uno de novios jamás miré a nadie, le fui absolutamente fiel."

"Fueron los diez años más productivos de mi carrera. Como yo no tuve una vida afectiva muy potente, muy fabulosa, puse todo mi empeño en el trabajo. Yo siempre le decía que se preocupara por mí y

me cuidara, porque un día iba a venir alguien, me iba a decir algo lindo y me iba a ir con él."

"Si él se hubiera portado como un caballero, yo misma le hubiera dado algo... una casa y otras cosas para que no se vaya sin nada.

Huberto es un tipo muy apático, medio autista, pero nunca vi que se preocupara... A él nunca le interesó lo que yo hacía o por lo menos nunca me lo decía.

Si iba al teatro se quedaba dormido en el camarín. No le interesaba ver la obra. Nunca participó mucho de mi trabajo...

Cuando me fui de viaje dejé todas mis cosas y él se llevó mis contratos, mi declaración de bienes, de Impositiva... hasta mi agenda."

"Lo único que pido es que cambien la ley, como ya lo hicieron con los autos importados. Vélez Sársfield la escribió en el siglo pasado, hace cien años. El lo hizo porque las mujeres de esa época parían, parían y después los hombres las dejaban tiradas y listo.

Si Vélez Sársfield viviera estaría de mi lado."

Habló Susana y la batalla entró en otra etapa de ebullición. Habló Susana y comenzó a presionar desde la supuesta impunidad de los famosos. Pidió, sin medias tintas, que cambiaran el Código Civil que la perjudicaba, para que la división de bienes no fuese tan injusta. Ya había obtenido un logro similar cuando la Justicia la sobreseyó en el famoso caso de los autos con licencia para discapacitados.

Con el sentimiento del deber cumplido, Susana se retiró del estudio sin atender a los otros medios de prensa que la esperaban. El único integrante del séquito que no subió al *Mercedes* fue Celasco, quien se quedó en el canal escuchando las opiniones de quienes iban a tratar el tema en otra mesa.

AMIGAS Y COMPETIDORAS

Cuando llegó a su casa el teléfono no dejó de sonar. Todos le aseguraban que había estado espléndida. *"¿Estás segura? Me parece que estuve un poco tonta. ¿No me mentís?"*, le decía la estrella a su gran amiga, Teté Coustarot.

La tranquilidad que le había traído hacer su catarsis mediática se diluyó cuando el timbre sonó con fuerza. Sin atender, encendió el portero visor y con horror vio la cara de Huberto, asomándose por el portón del garaje.

Durante varios minutos, sólo iluminado por las luces de las cámaras, el polista probó todas las llaves que estaban en su poder para entrar en la casona. Ninguna coincidía con las nuevas cerraduras que había hecho poner Susana esa misma mañana. Resignado, Roviralta llamó a los gritos a un escribano y le reprochó al letrado que lo hubiera dejado expuesto a los periodistas. Después de levantar un acta, Huberto se retiró como había llegado.

A las cinco de la mañana, los miembros de la ex pareja coincidían en un punto: el desvelo. Ninguno de los dos podía conciliar el sueño. La diva en su magnífica suite. El, en el *Hotel Plaza Francia*. Para mitigar el insomnio, Giménez optó por ingerir un somnífero. El polista, en cambio, se vistió y bajó a comprar un chocolate.

Al día siguiente, la aparición de Susana en el ciclo de Grondona era el comentario obligado. La opinión pública se dividió de una manera contundente entre Susanistas y Hubertistas. Incluso Mirtha Legrand, la única que en el país le puede discutir el título de diva a Giménez, se animó a hablar del asunto al sentirse aludida durante el mencionado programa.

"Me pareció de mal gusto que intentaran comparar el tema de Susana con la pareja que yo formaba con Daniel Tinayre. Mi marido era un hombre de este medio y Roviralta no mostraba demasiado interés en esto. Me parece que se equivocaron mucho en ese reportaje. Me solidarizo con la situación de Susana pero también le digo que las leyes están para respetarlas y que no se debió exhibir con su nuevo novio mientras estaba intentando finalizar su relación con Huberto. El me parece un verdadero caballero. ¿La nota de Grondona? Me pareció poco profunda y no preguntó lo que la gente quería saber. Grondona es un buen analista político pero pregunta muy mal. Yo lo hubiera hecho mejor."

La conductora de los mediodías reveló su posición de una forma muy clara. Se sentía cerca de su colega pero repudiaba la manera en que se había mostrado. Poco menos que sugirió que una verdadera señora —como ella— no hubiese actuado de ese modo.

Algunos creyeron ver en estas declaraciones una pequeña batalla entre ambas estrellas. Lo cierto es que entre las dos mujeres existe una gran admiración, pero que no llega a la amistad sincera. Sobre todo después de la encarnizada disputa que en el año 91 protagonizaron en los mediodías televisivos: la ganadora fue Susana y eso "Chiquita" nunca lo terminó de digerir.

Pero el motivo del presente enojo de Legrand obedecía a la aparición de Su en el ciclo de Grondona y no en su programa que, en esos días, se emitía desde el *Hotel Hermitage*, de Mar del Plata. Ricardo Darín, amigo y confidente de Giménez, fue el que la convenció de ir al espacio político y dejar de lado cualquier posibilidad de contar sus penas en las emisiones del mediodía.

Al enterarse, Mirtha no sólo se enojó con su amiga sino que también extendió sus maldiciones al actor.

Las declaraciones de su colega afectaron a Susana pero ese dolor se aplacó de inmediato cuando agudas y persistentes voces femeninas coreando su nombre irrumpieron como música del alma en su casa de Barrio Parque. Cuando su jefa de prensa se asomó por la ventana para ver de dónde provenían esos gritos, se encontró con una manifestación de mujeres que enarbolaban pancartas de apoyo. La diva, conmovida por esa actitud, salió al balcón y como una Evita posmoderna saludó a la docena de congéneres que le gritaban que la querían. Dos de ellas tuvieron la suerte de ingresar en la mansión para transmitirle personalmente su adhesión a la causa.

Lo que llamó la atención en este peculiar acto fue la prolijidad y uniformidad de los carteles. No parecían haber sido hechos de manera casera, como tampoco parecía espontánea la manifestación que irrumpió en la vida de los exclusivos vecinos de la zona.

El círculo se cerró al constatar que la mayoría de esas damas solidarias pertenecían a una villa miseria cercana a Villa Martelli, casualmente el pago chico de Jorge Rodríguez. Dos de ellas, específicamente las que llevaban la voz cantante, fueron reconocidas como fieles asistentes a los programas de debates de televisión. Para traducirlo al idioma televisivo: son señoras que trabajan de extras.

Los carteles, por su parte, habían sido realizados cuarenta y ocho horas antes en una imprenta de la zona de Caballito.

¿Quién pagó este acto de homenaje? Algunos creen ver detrás de todo esto la firma de *Hard Comunnication*, más precisamente, del galante Rodríguez. De todas maneras la manifestación logró el efecto deseado y Susana volvió a sentir el apoyo incondicional que le brindaba su público. Si después las asistentes habrían cobrado un "bolo" de 40 pesos, eso no era algo que a ella le interesara.

Como contrapartida a la adhesión expresada por el grupo "Mujeres Argentinas", a las cuarenta y ocho horas un anónimo "Comando de Reivindicación Masculina" envió un comunicado a todas las redacciones.

"Estamos cansados del vapuleo del que somos objeto.

Estamos hartos de que desde los medios se burlen de nuestra masculinidad, que nos pinten como golpeadores o borrachos.

Estamos podridos del discurso hipócrita de la mujer moderna que, en realidad, busca ser mantenida, agotando el esfuerzo del varón.

Por ello hemos condenado a Susana Giménez (En realidad aquí aparecía la palabra "meretriz", que ningún medio se atrevió a publicar) *a recibir su merecido y ejemplificador escarmiento, medida que se hará efectiva en los próximos siete días."*

Obviamente los siete días pasaron sin ninguna represalia. Muchos creyeron ver detrás de este libelo al mismo grupo de graciosos que una mañana cambió los nombres de varias calles porteñas por los de Guillermo Coppola y Samantha Farjat.

BUSCO MI DESTINO

Con el ánimo que le insuflaron sus admiradoras y para escapar por unos días del sainete económico-sentimental, Giménez decidió irse a Miami. El sábado por la noche se acomodó en un asiento de primera clase en el vuelo 762 de *United Airlines*, buscando algo de paz y dispuesta a encontrarse con una de sus íntimas amigas.

Apenas puso un pie en el aeropuerto de Miami, su dorado exilio, la divisó entre la gente; allí estaba Alejandra Collarte, esperándola.

La relación entre ambas mujeres habría nacido como consecuencia de la compulsión de Susana por el shopping, más exactamente de productos electrónicos. En una de sus recorridas conoció en un negocio del ramo a Collarte y su esposo, dos argentinos que estaban ganándose la vida en el Downtown de la ciudad. A ellos les compró todos los aparatos ultramodernos que relucen en su casa del Barrio Parque y que le fueron enviados directamente a Buenos Aires gracias a los buenos oficios de estos comerciantes.

Una vez que la vendedora se separó de su marido, ambas mujeres se unieron en la desgracia y consolidaron la amistad que hoy pasean por las callecitas de La Florida.

Al encontrarse, lo primero que escuchó la conductora de boca de su compañera fue: *"Encontré una adivina genial en Little Habana"*. Conocedora de la debilidad de Susana por las brujas y la adivinación del futuro, a la mujer no le costó mucho convencerla de hacer una cita con la pitonisa.

La sesión se postergó algunos días, ya que la actriz tenía otros compromisos pendientes. El primero: visitar a su dermatólogo por cierta erupción cutánea que le apareció como consecuencia de sus peleas con Huberto. El segundo: ponerse en manos de su *personnal trainner*, el también argentino Oscar.

Finalmente, el viernes de esa semana y en compañía de su amiga, se dirigió a la adivina de origen cubano que es famosa por contar con una importante clientela, sobre todo dentro de la comunidad latina. Algunos arriesgan incluso que habría sido ella la que le anunció a Palito Ortega, años atrás, su incursión en la política y su llegada a la gobernación de Tucumán.

Con esos antecedentes, la diva argentina escuchó muy atenta las predicciones de la centroamericana. *"El que te traicionó se unirá a tus peores enemigos para destruirte. El que te ofrece amor tiene una carta escondida. Tu salud te puede jugar una mala pasada. Pero la felicidad va a llegar a tu vida. Cuídate de quienes te rodean."*

Lejos de tranquilizarse, Susana salió de la entrevista aún más desorientada. Pero rescató lo de la felicidad que llegaba. Por primera vez sintió que alguien le decía lo que quería escuchar. Para reforzar la buenaventura que le deparaba el futuro, se fue a rezar a la iglesia Saint Patrick's. Allí pidió que la pesadilla se acabara de una vez por todas y comenzara la parte agradable del sueño.

Pero ya en su piso de Fisher Island y apenas el teléfono comenzó a sonar, sus esperanzas se diluyeron. Del otro lado la voz de su yerno le trajo el relato del nuevo entuerto que había surgido con Roviralta cuando Celasco había intentado retirar las pertenencias de Su de la casa de Tortugas.

Un agitado amigo de Huberto habría interrumpido el descanso vespertino del polista, para avisarle que un camión de mudanzas estaba tratando de ingresar en su casa. De inmediato el marqués llamó a su abogada, a la policía de Manuel Alberti, al juez Eduardo Makintach —del Juzgado 6 en lo Criminal y Correccional de San Isidro— y a la escribana de la familia, para que tomara nota de lo que estaba sucediendo.

El primero en llegar fue el subcomisario Carlos Alberto Pascual, quien lo hizo con dos patrulleros que irrumpieron en el bucólico country al sonar de las sirenas. Allí se encontraron con un desencajado Huberto que discutía acaloradamente con Celasco.

—Me querés limpiar la casa.

—Tranquilizáte Huberto, me mandó Susana para que sacara sus cosas, nada más.

—Claro. Y por eso le gritaste al chofer del camión que rompiera las barreras para irse.

—Me habrás escuchado mal.

—Ahora me traicionás. Menos mal que éramos amigos.

—Entendéme. Vengo a buscar unas cosas y nada más.

—¿Qué cosas? Acá no hay nada que le interese a Susana.

—Tenés razón. Todo lo que hay acá lo ganaste con el sudor de tu frente.

—No te hagas el canchero.

Cuando parecía que todo iba a terminar mal, la intervención de los policías y de la escribana logró apaciguar los ánimos. La justicia dispuso el secuestro inmediato del camión y, varios días después, todo lo que estaba en su interior le fue devuelto a Roviralta.

Muchos se preguntaron por qué Huberto llamó primero a la policía, aún antes de verificar que algo pasaba. Es que una semana antes un hecho muy grave ya había ocurrido en la puerta de la casa del country que ocupaba con Susana.

Una noche, al volver a su hogar e intentar ingresar, se topó en la puerta con gente extraña. Uno de esos hombres le impidió la entrada aduciendo que cumplía órdenes de *"la señora Susana Giménez"*. El ingeniero quiso resistir la decisión pero observó con terror que el sujeto tenía un chaleco antibalas y un arma. De inmediato llamó a la guardia privada del country y éstos a la policía. Cuando las tres partes se encontraron, se produjo un incidente y algunos de estos hombres llegaron incluso a desenfundar sus armas de manera amenazante.

Cuando la situación se hubo distendido, el encargado de seguridad contratado por la diva exhibió un permiso manuscrito por ella donde lo autorizaba a entrar y salir de su casa de Tortugas. El que blandía el papel membretado era Javier Martina, que hacía ese mismo trabajo nada menos que para Rodolfo Galimberti. Junto a su nombre figuraban los de Daniel Elía, Oscar Rojas Machado, Oscar Seri, Omar Rabufetti y Sergio Rodríguez Díaz, este último tío de la nueva pareja de Susana.

El jefe de seguridad de Tortugas —José Acosta, hermano del tristemente célebre "Tigre" Acosta de la ESMA— terció y pidió que todos se calmaran hasta que se aclarara la situación. Por dos días este grupo de hombres se instaló en la casa, hasta que el doctor Güiraldez —que entiende en la causa del divorcio— tomó la decisión de desalojarlos y darle el usufructo de la residencia a Huberto.

Poco a poco, esta historia iba sumando acciones que la acercaban más y más a las páginas policiales.

DE UN TRAPO REJILLA A UN SPILIMBERGO

MÁS ALLÁ DE LAS LUCES DE LA TELEVISIÓN y del show montado para el interés popular, el caso de divorcio de Susana y Huberto también llegó al ámbito judicial con bastante virulencia.

Sin embargo, al principio, las cosas parecían bien encaminadas luego del famoso vuelo del cenicero importado que aterrizó con precisión en la nariz de Huberto.

El 11 de febrero a las 18 horas, ambas partes habían firmado aquel convenio refrendado por los abogados José María Orgeira y Jorge Ricardo Videla. El acuerdo se cristalizó después de arduas negociaciones y se convirtió en una especie de pacto de no agresión y de buenos modales para evitar un escándalo mayor.

En resumen, el convenio aseguraba en su artículo primero que *"teniendo en cuenta la situación actual, determinan la conveniencia de dejar de vivir bajo el mismo techo, solución provisoria que se adopta por siete días con el objeto de establecer el mejor camino a seguir en el futuro (...)"*

La segunda cláusula especificaba el uso de los bienes de la siguiente manera: *"La Sra. María Susana Giménez Aubert tendrá el uso del inmueble sede del hogar conyugal sito en dardo Rocha 2905, de esta ciudad. El Sr. Huberto Roviralta tendrá el uso de la casa ubicada en 'Tortugas country Club'. El Sr. Huberto Roviralta tendrá el uso del automóvil Nissan Terrano."*

Jazmín, de manera insólita, aparece en un ítem especial, más precisamente en el tercero: *"En cuanto al perro de las partes, Jazmín, se establece que quedará con la Sra. María Susana Giménez Aubert, y que el Sr. Huberto Roviralta podrá retirarlo para sacarlo a pasear cuando el animal se encuentre con la nombrada en el hogar conyugal."*

Sin embargo, este formal armisticio duró exactamente hasta el momento, relatado en el capítulo anterior, en que Susana decidió retirar de la casa de Tortugas bienes que considera personales. Ese fue el punto que llevó la situación a un estado terminal.

El principio del fin comienza cuando el 18 de febrero —el día que vencía el acuerdo de paz— el polista se presenta en su casa de tortugas y se encuentra con dos personas que le impiden el acceso.

Como se dijo, de inmediato Huberto realiza la denuncia policial y también ante el juez Eduardo Makintach. El magistrado abre la causa número 39.561 caratulada "S/Presunta usurpación de propiedad. Roviralta Huberto".

En la primera presentación efectuada por la policía de la localidad de Manuel Alberti, a cargo del subcomisario Carlos Alberto Pascual, el ex de Susana declara que *"apersonóse en la finca del Country Tortugas, observando la existencia de tres vehículos, uno de ellos el Mercedes Benz gris de él y Susana Giménez y tres sujetos masculinos, quienes le prohíben el acceso a la finca.*

Ante ello requiere presencia policial y una escriba labrando acta notarial sobre el particular (...) Una comisión policial se constituye en la finca donde sólo había un rodado y dos personas masculinas quienes interiorizados por lo dispuesto por S.S., éstos previa consulta mediante teléfono celular, desconociéndose con quiénes hablaron, accedieron a aportar sus datos (...) Javier Flavio Martina, argentino, 33 años, CI 10.157.528, y Daniel Rodolfo Elia, argentino, 45 años, divorciado, CI 5.939.251 (...) refiriéndose ambos ser empleados de la Sra. Susana Giménez y tener como misión específica la prohibición de acceso a la vivienda, particularmente al Sr. Huberto Roviralta".

Hasta aquí todo parecía un pasaje de la película "Las Guerra de los Roses", pero el 16 de marzo los custodios encargados de impedir la entrada de Huberto se presentan en el juzgado para una indagatoria. Allí Daniel Elia expone y aclara aún más la enojosa situación: *"El dicente el día de los hechos se encontraba en la casa del Country Tortugas perteneciente a la Sra. Susana Giménez, que había llegado a la misma en la madrugada(...), que el dicente fue contratado en forma personal por el Dr. Villela, el cual lo citó en su domicilio de la calle Ayacucho y Santa Fe, la noche anterior a los hechos, y al entrevistarse (...) éste le impartió la orden específica de no dejar entrar al Sr. Huberto Roviralta ya que quería evitar hechos de violencia como los que fueron de público conocimiento (...) (que en Tortugas) se encontró con el señor Javier Martina quien tenía la misma misión del dicente, al cual conocía circunstancialmente, que la Sra. Susana Giménez se encontraba dentro del domicilio cuando llegó el Sr. Huberto Roviralta (...)Siendo aproximadamente las 10:00 el dicente se encontraba dando vueltas por el jardín y de repente observa una camioneta cuatro por cuatro a una velocidad excesiva que encara el portón de acceso y frena bruscamente a un metro aproximadamente de dicho portón (...) de dicha camioneta bajó una persona muy ofuscada vestido deportivamente con una gorrita, que intenta entrar a la propiedad no pudiendo hacerlo(...) esta persona pregunta quién era el dicente, contestándole que era amigo de la familia, no sabiendo hasta ese momento que era el Sr. Huberto Roviralta (...)de inmediato le da aviso a la Sra. Susana Giménez por intermedio de la mucama que se encontraba en la cocina (...)luego de darle aviso sale de la casa una persona del sexo masculino de unos 38 años de edad, vestido de traje que se retiró en un BMW (...)al rato vuelve el Sr. Huberto Roviralta junto con una escribana, y deja constancia en un acta de lo ocurrido y saca algunas fotografías (...)Preguntado por S.S. para que diga si la Sra. Susana Giménez salió de la casa cuando estaba el Sr. Roviralta, manifiesta que no salió".*

Todos estos hechos, relatados con la frialdad de un escribiente judicial, tuvo una carga emotiva porque las discusiones entre Huberto y la custodia fueron mas que acaloradas, sobre todo cuando el polista se dio cuenta de que el portón tenía un candado y que su ex estaba en el interior con su nueva pareja. Incluso, cuando llegaron los agentes de seguridad del country se generó un momento de máxima tensión con muestra de armas incluidas.

El juez decide que la casa de Tortugas quedará efectivamente en poder del marqués.

El escándalo de la visita de Celasco volvió a abrir una nueva causa en el mismo Juzgado Correccional, bajo el número 39.776 con

(42)

CONVENIO

Entre los cónyuges MARIA SUSANA GIMENEZ AUBERT, con L.C. 5.100.856, con la asistencia legal del Dr. José María Orgeira, por una parte, y HUBERTO ROVIRALTA, con D.N.I. 10.155.549, con la asistencia legal del Dr. Ricardo Videla, por la otra, acuerdan lo siguiente:

PRIMERA: Teniendo en cuenta la situación actual, determinan la conveniencia de dejar de vivir bajo el mismo techo, solución provisoria que se adopta por siete días con el objeto de establecer el mejor camino a seguir en el futuro, es decir hasta el día 18 de febrero de 1998, a las 18 hs..

SEGUNDA: Durante el tiempo indicado en la cláusula anterior, el uso de los bienes de propiedad de los cónyuges que a continuación se mencionan se organizará del siguiente modo: a) la Sra. María Susana Giménez Aubert tendrá el uso del inmueble sede del hogar conyugal sito en Dardo Rocha 2905, de esta Ciudad; b) el Sr. Huberto Roviralta tendrá el uso de la casa ubicada en el "Tortugas Country Club", c) el sr. Huberto Roviralta tendrá el uso del automóvil Nissan Terrano.

TERCERA: En cuanto al perro de las partes, Jazmín, se establece que quedará con la sra. María Susana Giménez Aubert, y que el sr. Huberto Roviralta podrá retirarlo para sacarlo a pasear cuando el animal se encuentre con la nombrada en el hogar conyugal.

CUARTA: En el caso de que en el plazo indicado en la cláusula primera las partes no determinaran en conjunto el camino a seguir, ambos tendrán derecho al uso de los bienes mencionados en la cláusula segunda del presente.

QUINTA: Todos los firmantes acuerdan la absoluta confidencialidad del presente documento, el que no será exhibido a los medios de prensa.

Se firman dos ejemplares, en Buenos Aires, a los 11 días del mes de febrero de 1998.

JOSE MARIA ORGEIRA
ABOGADO
C.S.J.N. T° IV - F° 113
C.C. T XXV - F° 8[illegible]
C.A.S.I. T° XVIII - F° 3[illegible]

JORGE RICARDO VIDELA
ABOGADO
C.S.J.N. T° 28 F° [illegible]
C.A.S.I. T° 1D F° 240

Primer acuerdo de partes. Ver en especial el punto tercero.

la carátula de "S/Hurto en grado de tentativa". En la declaración realizada por Huberto se destaca que *"Pese a sus pedidos el Sr. Celasco continuó sacando cosas de la casa y cargándolas en un camión Mercedes Benz patente OPZ 137(...) Al ver la lista que había enviado su esposa observa que varias cosas que allí estaban anotadas eran comunes al matrimonio. Que respecto a la documentación de los bienes que se encuentran en el interior del inmueble no posee nada ya que los mismos fueron adquiridos hace unos cinco años, no pudiendo precisar con exactitud a la fecha de compra (...) aclara que el le pidió a este muchacho que abriera el camión para hacer el inventario y este se negó (...)desea aclarar que el Sr. Celasco es bien conocido públicamente como yerno de su esposa, la realidad es que no tiene vínculo familiar, por ser concubino de la hija de la esposa".*

Lo que nunca salió a la luz fue el contenido del camión tan bien custodiado por el marido de Mercedes. Lo que sigue es el listado completo de los bienes que Susana había mandado requisar:

Un automóvil de juguete, color azul, con inscripción *Porsche* carrera *Mobil EG3*
1 andador de juguete blanco, de plástico, con imagen de un perro y agarradera roja
1 cuatriciclo de juguete a batería, color blanco, celeste y amarillo.
1 vagón de playa con accesorios color amarillo. Azul y rojo
1 canasto de mimbre con una botella de champagne *Don Perignon*
4 botellas de champagne *Pommery*, tres de ellas con caja
1 botella de champagne *Louis Roederer*
1 control remoto *Phillips* y otro *Sony*
1 exprimidor de jugos marca *Ultracom* (canje de su programa)
1 jarra de plástico blanco y bronce con tapa
1 taco de madera con cuchillos de mango de madera
10 compoteras blancas
12 copas grandes color azul, exterior esmerilado
11 copas azules con vidrio trabajado
12 copas altas con virola dorada
12 copas flautas con virola dorada
2 ensaladeras blancas
1 toallón blanco con flores en dos círculos
1 sábana color celeste con bordes blancos

3 fundas del mismo color
1 impermeable marrón con piel
2 alfombras de baño blancas
1 televisor color marca*Phillips* de 29 pulgadas (canje de su programa)
1 televisor color marca *Sony* de 29 pulgadas (canje de su programa)
1 lava secarropas marca *Candy* (canje de su programa)
1 lavarropas marca *General Electric* (canje de su programa)
1 microondas marca *Whirpool* (canje de su programa)
2 Somiers de un cuerpo color blanco marcas *Beauturest Simmons*
1 colchón de dos plazas de la misma marca
1 cubrecamas de dos plazas color blanco
1 paragüero con esfinge de oso de madera sosteniendo un aro del mismo material
6 almohadones, cuatro blancos y dos floreados
1 mesa de madera de tres patas con columna torneada y base circular
1 cómoda marqueterie y tapa de mármol
1 espaldar de cama de dos plazas color amarillo y vivos grises
2 cuadros: uno con la imagen de una mujer y dos niños con firma Spilimbergo (su valuación oscila entre los 20 y 50 mil dólares) y otro con varias mujeres rodeando a un niño, con chapa que dice Norte 93 Maite Saine "Un hijo les voy a dar"
1 cuadro con la imagen de tres manzanas una de ellas cortada, una jarra color celeste, dos zapallos sobre una mesa de mantel amarillo e inscripción "S. Giménez H. Borda" (este cuadro fue un regalo de varios internos del hospital neuropsiquiátrico, compañeros de su hermano)
1 velador de base de porcelana y cerámica en tonalidad celeste y blanco
1 reloj de madera en su base marca *Smith Astral*
1 mono de metal conteniendo seis libros
1 imagen de mujer tallada en madera
1 juego jenga (¿regalo de Sofovich?)
2 tazas talladas en bronce
4 ceniceros de loza
2 cubiletes de cuero interior verde con ocho dados
1 gato aparentemente de porcelana pintado de varios colores.
1 alhajero de cerámica
1 caja metálica en forma de montura

1 talonario de papel con la inscripción "generala"
2 alhajeros de madera color negro
1 banco de patas cortas color marrón con rombos
1 sillón blanco sin almohadones de tres cuerpos
1 alfombra de color azul, celeste, rojo y arena
1 cuadro con imagen de mujer, inscripción Ricardo Supisiche 1957 con marco dorado (este autor cordobés se cotiza actualmente en unos 5 mil pesos)
2 trozos de tela tipo rejilla
18 almohadones blancos.
1 tapiz de piel sintética de leopardo con forro rojo
1 camisón amarillo con puntilla blanca
1 campera de cuero forrada de piel sintética
1 televisor color marca *Sony* de pantalla gigante
Y muchas cosas más como sillas de mimbres, hamacas paraguayas y juegos de póker.

El 18 de marzo la pobre Susana Giménez tuvo que concurrir al Juzgado para aclarar esta enojosa situación de su yerno y del presunto hurto de los objetos. Luego de asegurar que había nacido el 29 de enero de 1944 y que tiene el documento de identidad número 5.100.856, la diva aseguró que *"el día de los hechos se encontraba en Estados Unidos, y debido a su pública separación de su marido y atento que su casa de fin de semana era ocupada por el Sr. Roviralta la dicente estaba buscando otra casa para alquilar entonces decidió llevarse algunas cosas para amueblar la nueva casa, siempre sin ninguna mala intención (...)la dicente autorizó expresamente a su yerno Eduardo Celasco a retirar los objetos de su propiedad (...)reconoce su firma al pie de los fax de autorización de su puño y letra(..) La dicente asegura que eran de su propiedad antes de su casamiento los cuadros, una cómoda de su madre que ella restauró, uno de los sillones del living, y que los juguetes pertenecían a sus nietos"*.

Como se ve, los millones de dólares no estaban puestos, precisamente, en su casa de Tortugas.

Las últimas movidas judiciales de la diva se limitaron a encerrar jurídicamente a su ex con sus supuestas infidelidades. Fue así que la vedette Flavia Miller concurrió a los tribunales en calidad de testigo presentado por los abogados de Su. A esa cita la damita fue con el famoso video que ella tanto negaba. La cinta mostraba, durante casi cuatro minutos sus escarceos amorosos con el polista.

Sin inmutarse por el dinero pedido, la estrella telefónica decidió invertir unos pesos más en concretar el sueño de su vida: adueñarse del famoso broche de brillantes con la imagen de la bandera argentina, que perteneció a Eva Perón. Para ello viajó especialmente a Nueva York, para asistir a la subasta que realizó la famosa casa *Christie*. La cotización de la joya arrancaba en 120 mil dólares. La Giménez, previsora, fue dispuesta a gastar hasta 300 mil. Llegó a ofertar mucho más. ¿Quién era el acaudalado oponente que le ganó en la puja?

Las conjeturas son por demás interesantes. El tiempo lo dirá...

¿QUIEN ES JORGE RODRIGUEZ?

JORGE RODRÍGUEZ, ALIAS "CORCHO", pasó su infancia en Villa Martelli, provincia de Buenos Aires. Sus amigos del barrio lo habrían bautizado con el sobrenombre de Corcho por sus atributos físicos. *"Era petiso y culón"*, cuentan hoy los que no pudieron salir del barrio y sólo conocen a Su gracias a la tele. Pero con el tiempo la historia del apodo fue cambiando y Corcho pasó a señalar que Rodríguez siempre salía a flote y era imposible hundirlo.

En la zona de Martelli no se lo recuerda como a un hábil jugador de fútbol, sino como a un "patadura" que más de una vez dejó tendidos en el Parque Saavedra a sus ocasionales contrincantes. Lo que sí exhibía era un fanatismo a toda prueba por Boca Juniors.

Algunas tardes de domingo, Jorgito le pedía dinero a su madre Nelly para ir hasta La Bombonera. La mujer sacaba su monedero para darle con abnegación maternal los pocos billetes que durante la semana se había ganado tejiendo para afuera.

Don Ernesto, su papá, se negaba a solventar estos placeres. Sin embargo, era dueño de un taller reconocido en el barrio y con las ganancias obtenidas mantenía su hogar y alimentaba a Jorge y sus dos hermanas: Adriana y Viviana.

Los que lo conocieron en su adolescencia lo recuerdan como alguien impulsivo y que estaba siempre a la caza de nuevos proyectos. Lo definen directamente como un *"busca"* o como un *"atorrante simpático"*.

Ya en su primera juventud, Rodríguez tenía muy buena suerte con las mujeres, más por su desfachatez que por su buen aspecto. En los "asaltos" siempre era el primero en conquistar a las chicas, gracias a que él era el encargado de poner los discos y sabía en qué momento dedicarse a los "lentos".

Sus estudios de Diseño Gráfico y su interés en la fotografía lo llevaron a obtener su primer trabajo como *free lance* en algunas agencias de publicidad. Cansado de recibir órdenes y llevar originales de avisos a los diarios, un buen día Jorge decidió abrir su propia empresa. Así surgió *Crear International Group*, un nombre ampuloso que prometía más de lo que realmente era. Sin embargo, logró encargarse de la imagen de algunas empresas de vestimenta y también de una compañía discográfica. Sus diseños aparecieron, por ejemplo, en uno de los primeros trabajos de Alejandro Lerner. Estos contactos con la música le permitieron despuntar uno de sus más reconocidos vicios: el rock'n roll.

DE BOLICHE EN BOLICHE

Omar Chabán, dueño de la desaparecida discoteca *Cemento*, recuerda vagamente a ese morochito guitarrista que cantaba unas extrañas canciones de amor con el grupo *Dones Dones*. Si bien algunos fanáticos lo seguían, lo cierto es que sus videos sólo servían para ser exhibidos en veladas familiares.

"¿Y a eso lo llamás trabajo?", fue el primer comentario que recibió de don Antonio, su padre. *"¿Por qué no sentás cabeza de una vez?"*

Después de ofrecer alguna resistencia, respondiendo al mandato paterno, Corcho decidió casarse con Anita Vilardebó, una contadora que desde hacía meses lo seguía a sol y sombra. Al principio todo fue color de rosa y la pareja se vio incluso consolidada y feliz con el nacimiento de Iara y Juan, sus dos hijos. Pero al tiempo, la eterna inconstancia de Jorge y algunas escapadas *non sanctas* terminaron por minar la relación, aunque el divorcio legal nunca se llegó a concretar.

Dispuesto a olvidar sus desdichas matrimoniales y su fracaso como rockero, Corcho siguió intentando ganar algún dinero con su agencia de publicidad. Pero la suerte continuaba siéndole esquiva. Un día, mientras charlaba con un grupo de amigos sobre motos, uno de ellos le comentó que conocía a alguien en la Municipalidad de Maldonado, en la vecina orilla del Uruguay, que podía serle útil para su oficio de publicitario. De inmediato Rodríguez aprovechó el contacto y se presentó para colocar publicidad en las playas de Punta del Este.

Su mal desempeño y el mal tiempo hicieron que su empresa fracasara generando pérdidas cercanas a los 300.000 dólares. Sin embargo, el inhundible Corcho no se preocupó ya que de su paso por las playas más *fashion* del Uruguay se llevaría dos prometedores vínculos: uno con la bella modelo Gabriela Creciente y el otro con Rodolfo Galimberti, el ex montonero hoy devenido en integrante perpetuo de la farándula criolla.

Con la profesional de la pasarela comenzó un fogoso romance apenas llegado a Buenos Aires. Durante varios meses, la pareja pareció la más feliz del mundo, aunque las penurias económicas de Jorge eran un escollo difícil de sobrellevar. De aquella mala inversión en la costa oriental le quedó una terrible deuda que no pudo levantar a tiempo, y que obligó a su banco a inhabilitarlo. Su imposibilidad de manejar cuentas se extendió hasta los últimos días del año pasado, cuando ya había saltado definitivamente a la fama.

Pese a su mala posición financiera, Corcho consiguió conquistar a Rodolfo Galimberti y fundar la empresa llamada *Hard Comunnication*. Con el aval de Jorge Born, empleador del ex montonero, todo parecía encaminarse hacia el éxito.

El loco Galimba

En sus años mozos, Galimberti era un humilde muchacho que ya sabía cómo resolver sus carencias: cuando no tenía zapatos, por ejemplo, se metía en cualquier tienda, pedía unos de su talla y salía corriendo sin pagarlos. Varios años después se transformó en uno de los integrantes de la "juventud maravillosa", que Perón elogiaba y propiciaba desde su exilio en la mítica Puerta de Hierro, en España. Por su capacidad operativa y buenos contactos, Galimberti llegó a ser líder de los Montoneros, organización que en los años 70 secuestró a los hermanos Juan y Jorge Born. Para obtener su liberación, los poderosos empresarios tuvieron que pagar previamente 60.000.000 de dólares. De todo esto participó activamente "el loco Galimba", quien muchos años después se convertiría en socio de Jorge Born, una de sus víctimas. Antes de que esto aconteciera, el ex montonero huyó al exterior, más precisamente a París, donde se ganó la vida como taxista.

En la Ciudad Luz se habría gestado aquel acuerdo secreto entre los Montoneros y la Armada, para establecer una tregua durante el Mundial 78. Como protagonista del hecho, un pelilargo Galimberti le aclaraba a los periodistas de *L'Express* que *"Los Montoneros no lanzarán ninguna operación que pueda poner en peligro a los jugadores, los numerosos periodistas y los miles de visitantes. Estamos dispuestos a ir más lejos. Le proponemos una tregua a la dictadura militar del general Videla. Decimos a todos: vengan a la Argentina"*.

Por aquellos días, muchos de sus compañeros exiliados le hicieron caso y volvieron al país. Nunca más se supo de ellos y hoy la mayoría de sus nombres están escritos en los pañuelos blancos de las Madres de Plaza de Mayo.

¿Qué tiene que ver todo esto con Susana y Roviralta?

La trágica historia de nuestro país suele a veces recorrerse de un modo frívolo, pero estos hechos demuestran que algunos de sus protagonistas saltan de un sitio a otro. De la historia política más terrible a la frivolidad más absoluta. Rodolfo Galimberti es el poder detrás del trono de Jorge Rodríguez. Ambos son socios de Susana. Esta, a su vez, comparte abogado con Videla. Roviralta, por su parte, eligió a la abogada de Marta McCormack, amante en su momento del ex almirante Massera.

Lo que también es inexplicable para muchos es la relación entre Jorge Born y su ex secuestrador.

El reencuentro entre ambos se produjo el 12 de octubre de 1989 en el *Hotel Lancaster*. Hasta allí llegaron convocados por Juan Bautista "Tata" Yofre, ex esposo de Adriana Brodsky. La tensión podía percibirse en el aire. Galimberti se apersonó vestido con traje, un *look* opuesto al que le conociera Born. Rápidamente, le pidió disculpas al empresario y le aseguró que los verdaderos culpables eran Mario Firmenich y compañía. También le prometió recuperar parte del dinero que le habían quitado a cambio de su libertad. El sabía dónde estaba depositado y de qué manera repatriar los fondos que quedaban.

Conmovido por el gesto, sobre todo por la posibilidad de encontrarse con los billetes que daba por perdidos, Jorge Born aceptó la propuesta de su interlocutor de fundirse en un abrazo. Durante varios segundos, secuestrado y secuestrador representaron una escena que pretendió ser sentimental y resultó patética.

Pero la relación no terminó allí. Tiempo después, el ex montonero fue convocado por Born para organizar su seguridad personal y la de sus empresas. De ese puesto había sido desplazado el capitán Tomás Cundom, responsable de haber llevado en avioneta a Aldo Rico en la rebelión Carapintada de Monte Caseros. Años después, este militar volvió a ocupar los titulares de los diarios por ser el especialista en efectos especiales que le voló el dedo al actor Cesar Pierry durante la grabación de un programa de televisión.

Pero la ligazón entre Born y Galimberti llegó a su apoteosis cuando este último festejó su casamiento con una señorita de la alta sociedad llamada Dolores Leal Lobo, en la finca *Los acantilados* de Punta del Este. Entre los invitados, además del hijo de Jorge Born y varios integrantes del *jet set* de ambas orillas, se presentó el fiscal Romero Victorica, uno de los hombres de ley que más encarnizadamente persiguieron a los integrantes de la agrupación Montoneros.

Después de muchos esfuerzos y por obra y gracia de su arrepentimiento, el otrora guerrillero había alcanzado su más ansiado sueño: convertirse en un nuevo personaje del dorado planeta *Caras*.

LA LÍNEA DE LA FORTUNA

A Rodríguez no le interesaba el pasado de su nuevo compañero. Se había acercado a Galimberti por su simpatía, sus contactos y por una pasión compartida: las motos, en especial las clásicas *Harley Davidson*. Pero, lo más importante, porque estaba dispuesto a llevar adelante los negocios que él le sugería.

Cuando le propuso llegar hasta Susana Giménez para ofrecerle un negocio con las líneas telefónicas, Galimberti ni siquiera se impresionó. Sin embargo, para que fuera algo seguro todavía había dos dificultades que debían superar: la imposibilidad de operar las líneas de audiotexto y la inexistente relación con la conductora y su entorno.

El primer escollo lo salvaron fácilmente. Galimberti sabía que Hugo Anzorregui, jefe de la SIDE, tenía a su yerno Alejandro

Mc Fairlane al frente de una empresa llamada *Teleinfor*. Esta compañía, cuya cara visible son los hermanos Banfi, es una de las pocas que puede explotar estos juegos telefónicos y desde hacía tiempo tenía un acuerdo con Canal 9 para que sus programas usaran sus servicios.

En cuanto a establecer un contacto con Giménez, alguien le había mencionado a Corcho el nombre de Luis Cella, hombre de confianza de Susana, quien podía facilitar la llegada a la diva. Al principio el productor se negó a reunirse con ellos, debido a los antecedentes que llevaba implícito el apellido Galimberti. Pero la puerta se abrió cuando nombraron la palabra mágica: 10.000.000 de dólares de ganancia.

Se encontraron en repetidas ocasiones y luego de limar algunas diferencias —entre ellas los 100.000 dólares que le corresponderían al intermediario—, le elevaron la propuesta a la conductora y a las autoridades de Telefé.

Susana sólo tuvo que hacer sus cuentas para convencerse del proyecto y de inmediato dar el sí. Los jerarcas del canal, algo más cautos, solicitaron un aval de 8.000.000 de pesos para hacer frente a los premios y cubrir la tarifa de la emisora. Si el dinero provenía de las arcas de Jorge Born, mejor.

El empresario no dudo en ningún momento del producto, pero de todos modos les pidió a sus expertos que analizaran el negocio e hicieran una proyección. Estos le aseguraron una ganancia superior a los 5.000.000 de dólares en pocos meses, por lo que Born dio rápidamente su bendición y puso su poderosa firma al pie de los contratos.

Al hacerlo, comprobó que la devolución de aquellos 60.000.000 de pesos prometida por Galimberti comenzaba a hacerse efectiva.

SÓLO LE PIDO A DIOS

Una vez resueltos los puntos fundamentales, se encontraron con un pequeño obstáculo adicional: para cobrar 3 pesos por minuto debían contar con el respaldo de una sociedad benéfica. La gente de *Teleinfor* ya trabajaba con el Padre Grassi y su *Fundación Felices los Niños*, por lo que de inmediato organizaron una reunión entre el religioso, Galimberti y Rodríguez.

La charla se desarrolló de un modo cordial hasta que llegó la hora de arreglar el tema del dinero.

—*Creo que nos corresponde el ochenta por ciento.*
—¡El 80 por ciento! Usted está loco.
—*Pero eso es lo que ganan otras instituciones como Unicef o Caritas.*
—Sí, pero usted no representa a ninguna de ésas. Nuestra proposición es que reciba 200.000 pesos por todo concepto. Si le gusta bien y si no, buscamos otra fundación.

Dicho esto el ex montonero dio por terminada la charla y se retiró del lugar. Corcho, asustado, veía como se le escapaba el negocio más brillante que había tenido entre manos. Al otro día volvió a reunirse con Grassi, con la intención de llegar a un acuerdo. Después de muchas discusiones por fin lo consiguieron: la *Fundación* se llevaría el siete por ciento de la recaudación bruta de la línea 0939.

El padre aceptó cuando Rodríguez le garabateó en un papel una cifra cercana a 1.100.000 pesos de ganancias en tres meses. Como para evitar cualquier suspicacia, el empresario también se comprometió a entregarle 20.000 pesos por mes a modo de adelanto hasta que se acreditaran las primeras liquidaciones. Con el acuerdo cerrado, octubre se inició con Susana presentando el nuevo entretenimiento "Su llamado", con 1.000.000 de dólares en juego.

Pero el negocio telefónico parecía estar signado por la mala suerte. Algún genio del equipo de producción no tuvo mejor idea que poner como pregunta central para los llamados una que decía "*¿Usted cree que el crimen de José Luis Cabezas será esclarecido?*". Al otro día las miles de críticas que le llovieron obligaron a una anonadada conductora a pedir disculpas públicamente.

Pese a ese traspié inicial, la línea telefónica se convirtió en un suceso que cosechaba treinta y cinco mil llamadas diarias y que arrojó al final del año algo más de 15.000.000 de dólares de facturación.

BILLETES, BILLETES... Y ALGUNOS FIRULETES

De la noche a la mañana y gracias a la magia de la televisión, Corcho había cambiado su estatus de inhabilitado comercial al de hombre rico. A tanto llegaba su euforia que todos los días iba al estudio a comprobar con sus propios ojos cómo esos cupones se transformaban en billetes. Absorto ante el brillo del oro y los privilegios de la fama, en ese tiempo también tomó la decisión más arriesgada y trascendental de su vida: conquistar a Susana Giménez.

Así fue como se inició el desfile de rosas amarillas, joyas, frases dulces, piropos y cruce de miradas almibaradas. Sin embargo, esas actitudes románticas contrastaban con las explicaciones que le daba a su novia, la modelo Gabriela Creciente. Rodríguez le aseguraba que todo formaba parte de una estrategia comercial y que nada sentía por la diva. Lo mismo le había dicho a su socio cuando le preguntó qué estaba haciendo con Susana. La modelo no le creyó y la relación se fue desgastando, pese a que ella optó por irse a Punta del Este y recluirse en la chacra que había comprado el empresario

Mientras tanto, no satisfecho con su éxito y con la atención que le brindaba Giménez, Jorge se atrevió a sobrevolar alrededor de la bella Daniela Cardone. Todo sucedió cuando la modelo fue invitada por la conductora a su programa. Detrás de cámaras fue poco menos que acosada por el agrandado empresario. Dispuesto a no detenerse ante nada ni a tomar en cuenta las reglas del buen gusto, al día siguiente Rodríguez le envió a Cardone un ramo de rosas... ¡amarillas!

Pero su principal objetivo seguía siendo Susana. Ella era la dueña del poder y el dinero.

"Apurála, que con Roviralta no pasa nada", le decían algunos de los personajes que revolotean a la diva.

Finalmente, en el *Hotel Conrad* de Punta del Este, comenzó a gestarse el romance y la antesala del escándalo. Ese mismo día coincidieron dos noticias: la falta de la alianza de matrimonio en el anular de Huberto y el encuentro de ella con el hábil empresario.

Corcho volvía a salir a flote. Y parecía que esta vez nadie lo iba a hundir.

LA PELEA POR LOS BIENES

DESDE EL MOMENTO en que se conoció la noticia de la separación —aún antes de la anécdota del cenicero alado— todas las especulaciones comenzaron a rondar en torno a los bienes y la fortuna personal de los cónyuges, especialmente de Susana Giménez.

En las primeras informaciones que circularon, se hablaba del famoso contrato prenupcial que habrían firmado antes del casamiento en 1988. El ya nombrado documento existió —como lo confirmó la propia diva— pero carece de total validez para la legislación argentina. Es más, antes de estampar su rúbrica el polista se habría asesorado sobre el tema y firmado con mucha tranquilidad, sabiendo que estaba avalando una gran mentira que servía sólo para calmar a la esposa.

Si ese contrato prematrimonial hubiera tenido validez, a Huberto únicamente le habría correspondido su desvencijado *147* gasolero. Incluso le sería negado el famoso cepillo de dientes que nunca aportó al hogar conyugal.

Pero la ley es muy clara y habla del cincuenta por ciento para cada uno de los integrantes de la sociedad matrimonial, con excepción de los bienes incorporados por legados, herencia o donaciones. Ni siquiera la infidelidad de cualquiera de las partes sirve para torcer el designio del Código. Como máximo, puede utilizarse para entablar un nuevo juicio por daños y perjuicios. De allí que ni las fotos de Susana con Jorge Rodríguez ni el video de Huberto con Flavia Miller puedan emplearse para eludir la división de la fortuna de Susana.

El número mágico es 100.000.000. Esa es la cifra que los especialistas y algunos informantes de la DGI aseguran que posee en la actualidad la estrella. Por lo menos sería lo que se desprende de sus declaraciones juradas que, minuciosamente, paga cada año para evitar problemas con los sabuesos.

La cuenta, en realidad, no es tan difícil de hacer. Si se considera que el promedio de dinero ingresado por su contrato televisivo ronda los 10.000.000 de pesos anuales, después de 10 años de matrimonio la suma acumulada asciende a 100.000.000.

Más allá de que al principio de su carrera Susana no tenía esos fabulosos ingresos, en los últimos cinco años los superó ampliamente. Por la renovación del contrato que la liga con Telefé hasta el fin de este milenio, recibió la nada despreciable suma de 38.000.000 de pesos. Estas cifras tienen en cuenta solamente lo que gana la diva por honorarios artísticos. No se contabilizarían en este caso las ganancias que percibe por publicidad indirecta (cincuenta por ciento del total) ni lo obtenido por su participación en avisos comerciales, explotación de su imagen y presentaciones especiales.

Con respecto a la publicidad, la tarifa del ciclo de Susana Giménez es la más cara de la televisión argentina. Durante el año pasado se llegó a comercializar a razón de 600 pesos el segundo.

También la repetición de su ciclo por la cadena internacional Gems le permite obtener cada año no menos de 600.000 dólares. Su participación se limita a la grabación de algunos copetes especiales ya que los hermanos latinoamericanos reciben los mismos programas que vemos los argentinos.

Durante los últimos diez años Susana fue la cara visible de la *Lotería Chaqueña*, un medicamento para adelgazar y su figura se utilizó para crear una muñeca a su imagen y semejanza. También tuvo su perfume y hasta llegó a grabar un C.D. que obtuvo el Disco de Oro por la cantidad de placas vendidas. Finalmente, le puso su firma a un libro titulado *Detrás del maquillaje*, donde contaba en tono almibarado su vida y en el que apenas le dedica media página a su romance con Carlos Monzón.

Pero hay más.

Siguiendo esa vieja ley que asegura que la mejor plata invertida es aquella que se destina a los ladrillos, la conductora invirtió muchas de sus ganancias en propiedades, tanto en nuestro país como en el exterior. La lista de inmuebles resulta tan extensa que bien merece un recuento especial.

LAS PROPIEDADES

* Una mansión en el Barrio Parque —escenario del escándalo— que compró en 1994 y que ocupó oficialmente a fines del 95. La finca habría sido adquirida en aproximadamente 1. 300.000 dólares, pero habría invertido 1.000.000 más en reformas, entre las que se destacan una pileta climatizada en el tercer piso. Los abogados de Susana están peleando por este bien, ya que aseguran fue adquirido con un adelanto de la herencia de su madre, fallecida en 1986.

* Un departamento en la Brickell Avenue, el corazón financiero de Miami. Lo compró dos años después de casarse pero nunca lo utilizó demasiado. Por esa época prefería seguir veraneando en su casa del barrio La Florida, en Mar del Plata.

* Un piso en Fisher Island, Miami. Cuando comenzó a tomarle el gusto a la ciudad americana y descubrió su *glamour*, decidió adquirir este departamento ubicado en uno de los lugares más exclusivos de la península. En la isla tiene como vecinos a Julio Iglesias, Frank Sinatra, Luciano Pavarotti y Arnold Schwarzenegger, entre otros famosos.
La propiedad de Su no es ni la más costosa ni la más linda, pero está valuada en aproximadamente 800.000 dólares. Un año atrás intentó adquirir otro piso más grande, propiedad de un argentino, pero la operación se canceló porque no llegaron a ponerse de acuerdo en el precio final.

* Una casa en el Country Tortugas por la que habría oblado 600.000 dólares, más una cifra cercana a los 150.000 destinada a refacciones. Por expreso deseo de Su, la casa se convirtió en una extraña mezcla de villa con reminiscencias italianas y rancho criollo. El comentario de sus vecinos es la magnífica pileta en forma de U que se hizo construir.

* También poseería una casa en la calle Ombú, valuada en 500.000 dólares, que estaría a nombre de su hija Mercedes. Huberto asegura que pertenece a su ex esposa y que, por lo tanto, debe entrar en la división de bienes.

AUTOS, JOYAS Y OTRAS MENUDENCIAS

En el rubro automotor, la actriz cuenta con una verdadera escudería millonaria. A saber:

* Un *Mercedes Benz* valuado en 70.000 dólares.
* Un *Mercedes Benz* descapotable, regalo de *Hard Comunnication*, que habría costado aproximadamente 120.000 dólares. Este vehículo quedaría fuera del reparto de bienes ya que fue un obsequio.
* Un *Mercedes Benz* similar al anterior, que estaría estacionado en Miami.
* Un *Rolls Royce* modelo *Corniche III*, alojado en la ciudad de La Florida, que se puede comprar en cualquier casa del ramo en 150.000 dólares. En Buenos Aires es imposible conseguirlo.

Los regalos de casamiento también forman parte de los bienes gananciales. Y hay muchos que por su valor merecen ser contabilizados. Tal el caso del costoso reloj de oro que le hiciera llegar Amalita Fortabat y la cadena de oro y brillantes que le obsequió su amiga Tita Tamames.

Con respecto al lujoso prendedor que le regaló la madre de Huberto, las partes están peleando su tenencia. Mientras Roviralta asegura que le pertenece a doña Maura, la diva dice que lo que se regala no se pide.

Huberto aportó al matrimonio su campo ubicado en la zona de Pilar, donde durmió el famoso *Mercedes Benz* "trucho", y que usa para la cría de petisos de polo, y una camioneta *4x4* valuada en 50.000 dólares.

LOS PERSONALES

Hay bienes que no entran en este recuento ya que la pareja los poseía con anterioridad al paso por el Registro Civil. La lista de las propiedades de Susana adquiridas antes de diciembre de 1988 incluiría:

* Una casa en el barrio Los Troncos de Mar del Plata.
* Una casa en el barrio La Florida de Mar del Plata.

* Un piso en la calle 3 de febrero, en Capital, donde residió hasta 1995.
* Un piso en la exclusiva calle Galileo Galilei.

Hasta el momento de dar el sí tenía, por supuesto, miles de dólares en joyas y otro tanto en cuadros originales firmados por Berni, Spilimbergo y Soldi.

El marqués era dueño de:
* Un departamento en la calle Posadas.
* Un departamento en la recoleta Avenida Alvear.
* Un departamento en la calle Rodríguez Peña.
* Un campo en Córdoba, en la localidad de Justiniano Posse, donde también cría caballos de polo y siembra algo de soja, aunque los que conocen el lugar aseguran que las tierras son bastante improductivas.
* Una propiedad en la misma localidad serrana, que es ocupada por un empleado de apellido Astiz y donde estaría guardado el *Fiat 147* con el que conquistó a la diva.
* Un campo en Navarro, provincia de Buenos Aires.
* Un campo en La Pampa.

Este detalle de bienes ya está en manos del juez Güiraldez, quien lleva adelante el juicio de divorcio.

Pero lo que estaría reclamando el polista no está estrechamente vinculado con las propiedades, sino que sería una suma de dinero que estaría secretamente depositada en cuentas bancarias distribuidas en Nueva York y Miami. Según allegados a Roviralta, él no sólo cuenta con sus anotaciones sino también con fotocopias de los depósitos que se realizaban en los distintos viajes y que podría llegar a presentar ante el juez, si no logra un acuerdo cercano a los 45.000.000 de pesos que pretende.

Los que asistieron a este show de dinero y bienes fueron los hombres de la DGI. Incluso, algunos de ellos querían allanar la sede central del *Citibank* para solicitar una revisión de las cuentas bancarias de Susana. Los sabuesos habían estado a punto de dirigirse a la entidad bancaria, pero una orden "de arriba" habría logrado detener el operativo.

De todos modos y pese a que presuman que sus manos podrían estar atadas, los hombres que recaudan los impuestos siguen sin perder de vista cada uno de los movimientos económico-financieros de la estrella.

Incluso al aterrizar de último viaje, Susana fue especialmente revisada por las autoridades de la Aduana. Sus cinco valijas fueron abiertas, pese a los gestos contrariados de la diva que se negaba a entender lo que estaba sucediendo.

VIDA DE PERROS

Uno de los bienes más preciados por la pareja y que seguramente generará un gran conflicto entre ambos, es la tenencia de Jazmín, verdadera víctima de los vaivenes amorosos de sus dueños.

Desde sus veintitrés centímetros, el Yorkshire tuvo que soportar el acoso periodístico e incluso, que televisaran sus inocentes paseos. Poco faltó para que lo entrevistaran.

El peludo y simpático perrito llegó a la casa de Susana a los pocos días de haber nacido. Desde ese momento, su vida estuvo signada por los lujos, los mimos y la fama. Apenas puso sus patitas en casa de la estrella, corrió a instalarse en la cama matrimonial, para no abandonarla nunca más. La supuesta poca actividad amorosa que habría ocupado a sus dueños en sus años de matrimonio sólo lo habría obligado en contadas ocasiones a mudarse en medio de la noche... o de la siesta.

Con afán imperialista, Jazmín extendió sus dominios a la televisión. Todos los días llegaba junto a su famosa propietaria a los estudios de Telefé para ocupar el camarín de su ama. Algunas veces, cuando estaba de buen ánimo, decidía abandonarlo para exhibir su cara frente a las cámaras. Con su moñito rojo y sus simpáticos ladridos, poco a poco él también supo ganarse el cariño de la gente. Incluso se convirtió en uno de los pocos perros que logró ser ubicado en la primera clase de un avión en vez de viajar en la cochambrosa bodega, al lado de canes de origen más pedestre. En las aerolíneas americanas Jazmín era tratado como un rey. Pero en las argentinas no faltó el comandante celoso de las leyes que hizo que el viaje del perrito se convirtiera en un calvario.

Como el perro estrella que es, Jazmín cuenta con un variado *staff* de empleados dispuestos a complacerlo. Todos los días, al levantarse, es cepillado amorosamente y dos veces por semana vienen de la veterinaria a revisarlo, vacunarlo y bañarlo. Sus champúes, juguetes y otros accesorios son adquiridos en la ciudad de Miami.

En cuanto a su relación con la fama, la revista *Caras* lo eligió como protagonista de una recordada producción fotográfica en la que no faltó una camita hecha a su medida, y también le han escrito una canción en homenaje. Los autores fueron un grupo llamado *Los jazmines* y el tema se llama "Ay Susana, qué macana"

En Miami una noche
Ella vino con su coche
El cuidaba al perrito
Mirando la tele.

Ella dijo no va más
de mi casa ya te vas,
Esto ya se terminó
Avisále a tu mamá.

Ay Susana, que macana
Ya no tengo ganas
De pasear a Jazmín
Por las mañanas.

Tu amor no fue sincero
No me haces más feliz
Guarda con el cenicero
Que te rompió la nariz.

El se fue de la mansión
Dijo que se cayó al piso
Ahora quiere treinta palos
Antes ni tenía cepillo.

Ay Susana, qué macana
Todo por una banana.

Ahora ella descansa
en Fisher Island
Y en Buenos Aires
Con Los jazmines todos bailan.

Ay Susana qué macana
Todo por una banana.

El prolífico Jazmín, cuentan, habría convertido a Susana en abuela en tres ocasiones, aunque ella aún se niega a autodenominarse de esa manera.

Por ahora, el perro se queda con la estrella, aunque extraña mucho a Huberto. Al fin y al cabo, era él quien se encargaba de pasearlo y darle de comer. Seguramente Jazmín debe mirar con añoranza la foto que registra los días compartidos con Huberto en Miami, mientras la diva estaba en París con Jorge Rodríguez. Aunque le digan que el nuevo "novio de mamá" es bueno, el perrito más famoso todavía le gruñe. Como cualquier hijo que se precie, él también sueña con que sus padres se vuelvan a reunir.

Tendrá que seguir soñando, porque todo indica que esta vez la separación entre Susana y Huberto es definitiva.

HOLA SUSANA... TE ESTAMOS AMANDO

¡SHOCK!
Fue la mágica palabrita que convirtió a Susana Giménez en una de las caras más famosas de la historia del espectáculo.

¡Shock!
Fue el grito con que se inició una de las carreras más vertiginosas de la farándula criolla.

¡Shock!
Fue el comienzo de la larga y azarosa vida sentimental de uno de los *sex symbols* más codiciados por los hombres argentinos.

LA POMPA DE JABÓN

Cuando una desconocida Susana fue convocada para convertirse en el rostro de un jabón de tocador que iba a ser relanzado al mercado, ya tenía veinticuatro años, un divorcio a cuestas y una hija muy pequeña.

La modelo no estaba segura de filmar el providencial aviso, porque desconfiaba de las intenciones de quienes la habían llamado. Ella no se había presentado a ningún *casting* y le costaba creer en ese productor que la estaba buscando desde el momento en que se habían cruzado en el casino de Punta del Este. Pero las intenciones del hombre eran serias y ella sería la figura elegida para convertirse en la nueva imagen del jabón *Cadum*. De poner el ombligo en un aviso, Giménez alcanzaría así por primera vez la gloria de un protagónico.

A la hora de firmar el contrato, su única exigencia fue pedir un camarote de tren exclusivo, para estar sola todo el tiempo posible y llegar descansada a la ciudad de Ascochinga, donde se filmaría el comercial.

El pedido fue absolutamente ignorado. Ni siquiera Agustina Elizalde, la anterior modelo del jabón, se había atrevido a hacer una petición de esa naturaleza. Y eso que pertenecía a una familia de alcurnia. Durante las catorce horas que duró el viaje prefirió dormir y jugar al truco con Víctor Laplace —su compañero de grabación—, el director Carlos Molina y el camarógrafo Carlos Orgambide.

Cuando llegaron al lugar, se dieron cuenta de que iba a ser difícil convencer a Susana de que luciera la diminuta bikini que solicitaban los creativos publicitarios. El cero grado de temperatura era un inconveniente difícil de salvar.

—*Ustedes están locos si creen que me voy a poner eso.*
—Susana, lo hacemos rápido.
—*Siempre dicen lo mismo y después me termino cagando de frío.*

Al día siguiente de llegar pudieron convencer a la futura estrella de que ese era el momento de meter sus pies en el agua congelada, con la cascada de fondo y su mejor sonrisa. Durante dos horas, Susana se dio vuelta una y otra vez, mostrando el jabón y gritando *¡Shock!*

Cuando el director dijo *corten*, el equipo festejó el fin de un trabajo más. Ella, en cambio, presintió que a partir de ese aviso algo cambiaría en su vida. Y su corazonada no iba a fallar. A los pocos días, todo el mundo hablaba del comercial y, sobre todo, de la chica que exhibía una figura que hacía las delicias de los argentinos. Los fotógrafos la buscaban obsesivamente, y enseguida fue tapa de la revista *Gente*. Sin embargo este no fue su debut, ya que en 1967 su retrato había ocupado la primera página del semanario.La diferencia radicaba en que en el '67 su foto era la de una ignota modelo y hoy su nombre comenzaba a ser reconocido.

Recuerdos de familia

Susana nació el 29 de enero de 1945, en una Argentina que entraba con fuerza en la era peronista. Este sesgo político preocupaba a la familia de la recién nacida, que pretendía estar próxima a la oligarquía nacional —netamente conservadora—, aunque no tenía el dinero suficiente para respaldar dicha posición. Tan sólo la casa de Juncal y Uriburu les servía para aparentar un estado de riqueza.

Augusto Giménez Aubert, su padre, era un empresario de no demasiados recursos pero sí con muy buenos contactos que establecía, curiosamente, en la agitada noche porteña. Por aquella época los saunas no existían, pero las casas de citas eran moneda frecuente. Según dicen algunos memoriosos, el hombre habría tenido junto al padre del juez Trovato —el mismo del vestidor millonario— un local dedicado a la distracción de los caballeros del Barrio Norte.

Johnny, como lo llamaban en la intimidad, era el prototipo de los *play boys* y con su *glamour* conquistaba no sólo a las mujeres sino también a los hombres de negocios que se deslumbraban con su simpatía. Gracias a eso logró convencer al gobierno que se iniciaba y a la empresa *Rambler*, de la necesidad de construir automóviles fabricados íntegramente en la Argentina.

El dinero volvió así a entrar con fluidez en las arcas familiares y su nombre alcanzó cierto prestigio. Pero ese signo de nueva prosperidad se convirtió en una pesadilla para Lucy, su esposa, dado que Giménez Aubert no sólo era audaz en materia financiera, sino también en la faz amorosa. En distintas oportunidades, Susana tuvo que consolar a su madre, cuando a ésta le llegaban comentarios que aseguraban que su esposo había sido visto con otra. Claro que en ese momento en ninguna familia podían discutirse comportamientos semejantes. El hombre tenía el derecho de hacer lo que le viniera en gana, que para eso era hombre.

Muchos años después, Su entendería cabalmente los sentimientos que embargaban a su madre y comenzaría a desconfiar del sexo opuesto. *"Son todos iguales"*, rezaba la frase que repetían en forma habitual las mujeres de su familia.

Cuando el destino del peronismo empezó a peligrar, Giménez Aubert decidió dar un golpe de timón y unirse a las huestes de la Revolución Libertadora. Los autos del oficialismo habían rápidamente pasado al olvido.

En esos días y con sólo ocho años, la pequeña Susana ya había encontrado a quien creía iba a ser el hombre de su vida. El elegido era un compañerito del *Quilmes High School*, llamado Robert Lyon. El romance, que ya era el comentario de todo el mundo, se cortó abruptamente cuando su padre decidió retirarla de la escuela. Los serios problemas financieros que atravesaba su familia la obligaron a mudarse a otro colegio, más módico que el anterior aunque no estatal. *¡Vade retro!*

Pero de la misma manera que un mal negocio hizo que los Giménez Aubert bajaran de estatus, otro golpe de fortuna los llevaría al exclusivo barrio de Martínez, más precisamente a una residencia en la esquina de Alvear y Libertador. Otra vez su casa era visitada por personajes encumbrados y con dinero.

La única sombra que se cernía sobre tanta felicidad era la de su hermano Jorge, que había salido algo retraído y que tenía serios problemas de conducta. Por este motivo el joven se había transformado en la obsesión de mamá Lucy, que le prodigaba muchos más cuidados a este hijo que al resto de su prole. Tiempo después ese retraimiento recibiría el diagnóstico de esquizofrenia y de la casa materna lo trasladarían a un hospital neuropsiquiátrico.

La obsesión de la madre por el más débil continuó, aun cuando en una crisis Jorge intentó propasarse con su hermana. Lucy nunca lo abandonó y en el hospital Borda aún recuerdan la visita asidua de la mujer a ese paciente, famoso por ser el hermano de la conductora más exitosa de la televisión argentina. En oposición a su madre, la actriz jamás dejó ver su platinada cabellera por el nosocomio. Ni siquiera cuando Jorge se arrojó al vacío para terminar con su infeliz vida.

El estigma de la enfermedad de su hermano la persigue desde hace años. A tanto llega su temor a padecer cualquier tipo de problema psiquiátrico, que a fines del '94, cuando fue internada por un pequeño derrame en el cerebro, lo primero que preguntó fue si este incidente podía alterar sus facultades mentales.

"¿Están seguros de que no me voy a volver loca?", preguntaba a cada rato la diva a los reconocidos médicos de la clínica donde la asistieron.

Miedo a la enfermedad, al dolor, al deterioro. El mismo miedo que, tal vez, nunca le permitió hablar de la hipoacusia de su nieta. Un problema menor, pero gravitante para ella.

EMBARAZADA Y CASADA

En Martínez, Susana comenzó a transitar su pubertad y su adolescencia. Y también a vivir la transformación de su escuálida figura infantil en un cuerpo de mujer que iba tomando formas cada vez más sugestivas. Los muchachos ya empezaban a mirarla como un objeto de deseo.

Eso le sucedió a José Manuel Díaz Escobar, alias "Pepe", hijo de un importante empresario y amigo del padre de Giménez. Johnny y Pepe frecuentaban *Rond Point*, un bar muy exclusivo que en aquel tiempo era la parada obligatoria de la gente "bien". Allí, el joven fue invitado por Giménez Aubert a compartir un paseo a bordo del yate *Vagabundo*. Cuando el muchacho de sólo veinte años vio a la hija de su amigo, de dieciséis y en traje de baño, el amor lo tomó por asalto. Sin mucha pinta pero con mucho verso, Pepe consiguió conquistar a la jovencita de insinuantes curvas.

Pero, lamentablemente, cometió un grave error: para ufanarse con ella delante de sus amigos, no tuvo peor idea que llevarla un día a conocer *Rond Point*. Y ese mal paso marcó el final de su noviazgo. A la cabecera de una mesa se encontraba Mario Sarrabayrouse, que de inmediato clavó sus ojos celestes en la nueva presencia femenina.

"Ni se te ocurra meterte con él. Es un picaflor al que le gustan todas las mujeres", aconsejaban sus amigas a la joven y enamoradiza Susana.

Para ella era muy difícil no dejarse seducir por ese chico buen mozo que, erráticamente, estudiaba derecho. A los pocos meses, sucumbió ante los encantos de Marito y su anterior pareja pasó a mejor vida. La relación entre ambos marchaba por los carriles habituales, cuando una visita inesperada llegó a su vidas: un día Susanita le anunció a su novio que estaba embarazada.

Sin revelarle a nadie su secreto y portando la novia una pancita de dos meses, la pareja decidió casarse un 8 de marzo de 1962 en la exclusiva iglesia de San Martín de Tours. Recién después de la ceremonia, la familia del novio —que también pretendía pertenecer a la oligarquía— se enteró de la novedad. De inmediato mandaron a los recién casados lejos de casa, a emprender un largo viaje por el Uruguay, que debía durar exactamente el tiempo que tardara en nacer el bebé.

La vida de Sarrabayrouse y Giménez en Montevideo no fue precisamente un lecho de rosas. Debido a su embarazo, Susana no podía salir del pequeño departamento que ocupaban cerca de la avenida 18 de julio y tampoco contentar las exigencias amorosas de su insistente marido. Mario, aburrido de esa vida, volvió a dedicarse a las diversiones nocturnas y al juego. A tanto llegó su pasión por este último entretenimiento que un día decidió vender los regalos del casamiento para saldar algunas deudas.

Esa fue la gota que colmó el vaso. De inmediato, el padre de Susana dispuso que volvieran a Buenos Aires y los instaló en un cómodo departamento en la calle Vidt.

El 20 de octubre de 1962 nacía Mercedes, pero este feliz acontecimiento no amortiguó los problemas que la pareja arrastraba. Mientras Susana cuidaba a su hija, su esposo trabajaba a desgano en la escribanía que había heredado de su padre, y seguía manteniendo sus amistades nocturnas. Una mañana, harta de todo, la joven tomó a la bebé y algunas de sus pertenencias y se fue a la casa de su mamá, que por esos días también se había divorciado.

El fantasma de Sarrabayrouse siguió persiguiéndola mucho tiempo después de su separación. Un compungido ex esposo se presentó en repetidas ocasiones en distintos ciclos televisivos reclamando la mitad del dinero de Susana y la tenencia de su hija. El hecho marcó el primer conflicto post-matrimonial, que la conductora habría de enfrentar con fuerza y coraje.

De modo similar, el nombre de su padre se volvió a recordar pocas veces en el ámbito familiar. Giménez Aubert se había ido para rehacer su vida y había dejado a sus mujeres solas. El reencuentro entre ambos se produjo en marzo de 1987 y de la peor manera posible. Mediante un telegrama, Susana se enteró de que su papá había muerto en la ciudad brasileña de San Pablo, a los sesenta y cuatro años. Lo sobrevivía una nueva esposa, María Cristina Frank, y tres hijos: Patricio, María Carolina y Federico.

Susana nunca se había relacionado con sus medio hermanos, hasta que Patricio decidió volcarse al espectáculo y buscó su protección. Tímidamente debutó como cantante en el ciclo telefónico y hoy sigue cantando, pero sin llegar a rozar siquiera el éxito de su blonda pariente.

Recién separada y de manera feroz, Susana tuvo que enfrentarse con otros aspectos de la vida, esos que no le había revelado su papá cuando le aseguraba que iba ser una reina. La situación que estaba viviendo, por el momento, parecía estar a años luz de aquella predicción.

Sin permitirse que la desazón la embargara, divorciada y con su hija a cuestas, Giménez decidió incursionar en el mundo de la pasarela, tal vez impulsada por su figura y porque para eso no había que tener conocimientos especiales. Y le fue bien.

Primero la convocaron para el aviso de un whisky llamado *Carson*. Después para un trabajo relacionado con *Valet*. Y al final llegó la tapa de *Gente* y un recuadrito en el que le hacían un pequeño reportaje, y que le cambió la vida.

Fue por la aparición en este medio que Susana tomó nota de que por una nimiedad semejante, ya la envidiaban y todos se habían enterado de su existencia.

Ese día decidió que ella sí iba a ser famosa. De verdad.

UN "CAVALLERO" EN SU VIDA

La primera ayuda que recibió Susana al internarse en los vericuetos de este oficio vino de la mano de un empresario joven, bajito y simpático, dueño de un *Fiat 600* último modelo. Se llamaba Héctor Cavallero y había quedado prendado de la belleza de la joven modelo. Con la excusa de un aviso de telas, la citó en su oficina de la avenida Córdoba y la invitó a salir por primera vez. A partir de ese momento, ya no se separaron.

Mientras ella trabajaba a destajo, él se dedicaba a pensar de qué modo podía hacerla más famosa y lograr que el dinero ingresara generosamente. Cuando vio la foto de su novia en un aviso de una *pick up*, tuvo una idea brillante: pidió más de veinte copias y las mandó a todos los medios, promocionándola como la modelo del año.

El golpe publicitario surtió efecto, ya que la producción de Mirtha Legrand reparó en ella y la invitó a uno de sus almuerzos. Esto marcó el primer encuentro de las dos divas. Durante la comida Susana no habló demasiado, y Mirtha le hizo las preguntas de rigor. Cuando salían del estudio, la futura estrella le dijo a su novio sin ponerse colorada: *"¿Y esto es la tele? Es una pavada. Dejá que yo llegue y vas a ver cómo rompo todo. Ni a Legrand voy a perdonar"*.

Después del famoso *shock*, mágicamente todas las puertas se fueron abriendo. Mejor dicho, cayendo a sus pies. Apenas el aviso salió al aire fue contratada por Hugo Moser —hábil cazador de talentos—, para incorporarla al inolvidable ciclo Matrimonios y algo más. Su primer *sketch* consistía en correr delante de Juan Carlos Galván que le gritaba *"¡Hacéme shock!"*

Nunca más abandonaría la pantalla chica, e incluso por esos días recibió un inesperado *Martín Fierro* a la revelación del año. Para la foto final, una sorprendida Susana se codeaba con los elencos de Cosa Juzgada y Los Campanelli, que también se habían llevado sus estatuillas.

El único que no se sorprendió por este galardón fue Héctor Cavallero. En un rincón aplaudía y reía por lo bajo. El, misteriosamente, ya antes de comenzar la ceremonia sabía que ese año el codiciado *Martín Fierro* era para Susana.

Su carrera siguió con la conducción del ciclo musical Sótano beat y presentaciones personales en diversos clubes del interior, donde intentaba cantar. Cuando pensaba que su trabajo en el espectáculo se iba a limitar a estas cuestiones, Héctor le anunció un día que iba a llevarla al teatro.

—Estás loco. Yo no sé actuar.

—Vos quedáte tranquila que conozco a un productor que está por hacer una obra y te puede contratar.

—¿Estás seguro?

—Quedáte tranquila y confiá en mí.

El que no confió mucho en el pequeño empresario fue Pepe Cibrián, el hombre que estaba armando el elenco de "Las mariposas son libres".

—Pero, ¿cómo la voy a contratar si en el aviso ni siquiera dice shock?

—Te vas a arrepentir. Mirá que todo el mundo va hablar de ella.

—¿Sabe hablar por lo menos?

Increíblemente, el productor Carlos A. Petit la llamó para firmar el contrato, y un más que sorprendido Cibrián se encargó de enseñarle los trucos de la actuación de manera acelerada. Pese a no creer en sus condiciones, Pepe puso su mejor buena voluntad para ayudar a la debutante actriz. Incluso soportó el papelón de tener que suspender el preestreno de la obra; nerviosa, Susana abandonó el escenario entre llantos.

El primero en acudir a consolarla fue Rodolfo Bebán, codiciado galán considerado además uno de los mejores actores argentinos. No sólo fue su don de gente lo que lo llevó a tener ese gesto misericordioso, sino que ya desde los ensayos, había reparado en su nueva compañerita de elenco.

La obra —que recreaba en una versión moderna la historia de *Pigmalión*— se convirtió en un éxito. Cada noche Susana iba dando un paso más en su vertiginosa carrera de actriz. También, casi todas las noches, la futura diva se corría hasta el camarín de Bebán para compartir una bebida o comer algo. Nada fuera de lo común, si no fuera porque ambos decidían cerrar herméticamente la puerta.

La prensa no tardó en publicitar ese supuesto romance. Primero *Crónica* y luego *La Razón* dieron la noticia con lujo de detalles. Susana, Rodolfo y Héctor decidieron desmentir la especie en la revista *Gente*. Posando los tres para las fotos, parecía que todo era un nuevo invento de los medios. El único que no dio crédito real a la maniobra fue Cavallero.

Una noche entró en el teatro como una tromba y de una certera patada derribó la puerta del camarín de Bebán. No se sorprendió cuando vio al actor con el torso desnudo y a su pareja tratando de explicar lo inexplicable.

—*¡Ustedes se creen que yo soy un boludo!*
—No sé un boludo, pero sí un tarado que entra sin avisar.
—*Encima la culpa la tengo yo.*
—¡Andáte de acá!

La relación entre Susana y el empresario se acercaba a su fin. Pero no sería Bebán el que le extendería el certificado de defunción.

Norberto Draghi era apenas conocido por ser un basquetbolista que jugaba para River Plate y la Selección Nacional. No conforme con este rol y seguro de tener la altura y los atributos necesarios, Draghi decidió un día incursionar en las pasarelas.

Pronto tuvo éxito y se hizo amigo de Héctor Cavallero. Fue así que llegó hasta Susana y de inmediato se dio cuenta de que ella no sólo tenía formas de mujer bonita, sino también la llave que podía abrirle las puertas de la fama.

Durante ese verano en Punta del Este, ambos fueron vistos en distintas oportunidades en situaciones comprometidas. Las fotografías aparecieron en casi todos los medios y eso obligó a Giménez a anunciar oficialmente su separación.

"*A Héctor lo dejé*", fue la primera frase que pronunció la actriz ante una pregunta sobre su actualidad sentimental. En realidad ese era parte del acuerdo sellado entre ambos. Ella quería ser la primera en anunciarlo para que pareciera una decisión personal. Lo mismo intentó hacer mucho después con Roviralta, pero el escándalo se adelantó a su voluntad.

El divorcio con Cavallero duró unas pocas semanas. Las que le tomó para comprobar que su carrera estaba basada en el trabajo del empresario. Lo más acertado a nivel profesional era volver con él, y así lo hizo.

Draghi, mientras tanto, volvía a las sombras y esperaba una mejor oportunidad. El tiempo se iba a encargar de dársela.

El campeón y la dama

El era el campeón del mundo y la figura deportiva más importante del momento. Ella, una actriz en ascenso pero que ya demostraba tener un magnetismo especial y una privilegiada relación con el público. Juntos representaban la unión del *glamour* con la fuerza bruta. Una historia propia de las telenovelas, a la que nadie iba a poder resistirse.

Hasta ese momento no se conocían más allá de alguna pelea vista por ella en la tele o de unas fotos elogiadas por él. Quien logró unirlos fue Daniel Tinayre, el esposo de Mirtha Legrand.

Corría el año 1974 y el cineasta francés tenía entre sus manos el libro cinematográfico de "La Mary", pero faltaba la figura masculina. El primero en ser convocado fue Terence Hill, pero los 400. 000 dólares que pidió de *cachet* espantaron a los productores.

Cuando pensaban que ningún actor era el apropiado, el locutor Guillermo Cervantes Luro trajo la solución: contratar a Carlos

Monzón. Tinayre no creía demasiado en las posibilidades del pugilista por considerarlo excesivamente tosco, pero de todos modos estuvo dispuesto a compartir una cena. En ella el boxeador se desenvolvió de forma impecable: manejó los cubiertos a la perfección e, incluso, saboreó el vino antes de aceptarlo. Los 22.000 dólares de *cachet* —el más alto hasta ese momento en la historia del cine nacional— convencieron a Monzón.

Durante la filmación volvió a sorprender tanto al director como a los técnicos, porque llegaba siempre media hora antes de la convocatoria e incluso, en una oportunidad, se atrevió a increpar a Juan José Camero por no saber la letra.

Unos días antes de iniciarse el rodaje, se produjo la presentación del elenco y el esperado encuentro Monzón-Giménez. La primera impresión que se llevó la actriz no fue muy agradable. El boxeador no dejó ni un instante de mascar chicle y además, sin importarle que a su lado estaba Cavallero, la invitó a salir.

La relación entre ambos no parecía empezar bien. Sin embargo, la química amoroso-sexual iba a producir estragos en sus cuerpos y corazones, y no iba existir un modo racional de ponerle freno.

Monzón reconoció en una oportunidad que *"empecé a sentir algo que me daba vueltas en la cabeza día y noche. Y ella también, porque un día me lo dijo. Al final me animé y la invité a salir"*.

El verdadero flechazo habría de producirse en la famosa escena de amor sobre la cama. Sin saber cómo evitar la vigilante presencia de Héctor Cavallero, un día el campeón le pidió a su amigo Cabrerita que se lo llevara lejos. El hombre, obediente, invitó al productor a que lo acompañara a comprar pizza. Cuando el novio de Susana se dio cuenta de lo lejos que habían ido, percibió que algo andaba mal. Pudo corroborarlo cuando llegó al set de filmación y no encontró a Carlos ni a Susana.

Respecto de esa velada, el santafesino confesó que *"fue una noche completa, inolvidable, de locos"*.

La primera aparición oficial como pareja se produjo, casualmente, cuando ambos viajaron a la ciudad de Miami. En medio de una nube de fotógrafos, los amantes abordaron el vuelo 360 de *Aerolíneas Argentinas*. Llegados a la península, se hospedaron en el departamento de José "Cacho" Steimberg, en ese momento amigo de amigos, y quien quince años después le habría vendido a Susana el maldito *Mercedes* "trucho".

Las primeras discusiones entre la diva y el pugilista surgieron por el vestuario de Su. *"Esa no es manera de vestirse para la mujer de un campeón"*, le gritaba Monzón cada vez que ella amenazaba con ponerse una minifalda. *"Sos un bruto, calláte la boca"*, era la recurrente contestación de la actriz. *"Estoy podrido de los putos que andan alrededor tuyo"*, se quejaba amargamente el boxeador.

Sin embargo, la violencia todavía no había hecho su aparición en escena. En aquella época, sus malos entendidos los dirimían en la cama. Eran pura pasión.

"El me hizo conocer lo que era el sexo", declaraba Su sin ponerse colorada. *"Fue la mujer que más quise. Una pasión brutal. Una cuestión de piel"*, aseguraba Monzón en sus años de cárcel.

CERCA DE LAS CUERDAS

La primera situación difícil entre "Pelusa", la ex esposa de Monzón, y Susana, aconteció durante la pelea con Tony Mundine en el Luna Park.

Minutos antes de abandonar el camarín, Carlos se enteró de que su anterior mujer había viajado desde Santa Fe y estaba ingresando al estadio de Corrientes y Bouchard. De inmediato le pidió a sus amigos que trasladaran a Susana, para sentarla junto a su amiga Graciela Borges en un costado del ring. En el extremo opuesto se ubicó Pelusa con sus hijos.

La situación se volvió muy tensa cuando el público descubrió a la diva y comenzó a vivarla, obligándola a ponerse de pie para agradecer. Pelusa llegó incluso a pararse para insultar a su rival, pero por suerte la cantidad de espectadores era tanta que la ex del púgil no pudo acercarse.

Sin embargo, antes de este episodio entre Monzón y su ex esposa ya se había producido una gresca de proporciones. Todo sucedió en el cumpleaños de su hijo Abel, que se festejó en una conocida confitería santafecina. El evento se desarrollaba normalmente hasta que comenzaron a comentar la nueva imagen del boxeador en su rol de modelo. En esos días una publicidad de las camisas *Perfecta Lew* lo tenía como protagonista. En el aviso un sonriente Monzón mostraba su trabajado cuerpo en un gimnasio.

Con mucha sorna Pelusa le dijo sin anestesia al campeón.

—*¿Te convertiste en puto ahora?*

—¿Qué dijiste?

—*No, como posás así y andás con la gente rarita del ambiente. Eso es lo que te enseña la atorranta esa de Susana.*

—Callate o te parto la boca.

Pelusa tomó una desproporcionada iniciativa: se levantó de un salto y sin mediar palabra le rompió una botella en la cabeza. Monzón, consternado, midió la distancia y le aplicó un terrible *cross* de derecha en la cara. La consecuencia fue una herida profunda en la mujer y la visita de ambos a la comisaría del lugar.

Esta violencia, que se manifestaba abruptamente contra rivales que nada tenían que ver con lo deportivo y sí con lo emocional, sería una constante en la vida del boxeador. Y alguna vez la sufriría también la actriz.

Mientras tanto, el amor se iba apagando de manera inevitable. Ya había pasado el tiempo en que ella, dispuesta a refinarlo, le había contratado una profesora para que le enseñase buenos modales.

Los primeros indicios de que la relación entre ambos comenzaba a transitar su decadencia surgieron en París, dos días después de que el campeón destrozara a Rodrigo Valdés. Esa noche Susana fue terriblemente insultada por su pareja en la puerta del famoso *Crazy Horse* por haber tardado en exceso para llegar hasta allí.

Días más tarde se fueron a Roma, y el 10 de setiembre de 1976 se produjo nuevamente una fuerte pelea. Monzón, la actriz y Alain Delon compartían una copa en el *lobby* del hotel de la Vía Aurelia Antica, donde estaban alojados, cuando el campeón comenzó a mostrarse inquieto. Según él, su mujer le estaba prestando demasiada atención al astro francés. Celoso y desoyendo las reglas de cortesía, el boxeador le pidió a Susana que subiera con él a la habitación, pero ella prefirió quedarse charlando con Delon. El pugilista optó entonces por retirarse al cuarto pero se dedicó a esperarla y a alimentar su furia.

—Pero ¿quién te crees que sos? ¡¿Cómo me haces ésto?!

—Lo único que hice fue charlar con Delon.

—Pero vos te creés que soy tonto. Ese lo único que quiere es acostarse conmigo.

—No digas eso, es tu amigo.

—Pero qué amigo, ni amigo. Ese se quiere acostar conmigo y punto.

La discusión fue subiendo de tono hasta despertar a los huéspedes vecinos. Finalmente se escucharon golpes y gritos femeninos.

Al otro día, una atribulada Susana Giménez bajaba al *lobby* del hotel con grandes anteojos negros que, se presume, ocultarían un ojo "en compota". La estrella tuvo la desgracia de toparse en ese lugar con Héctor Ricardo García, quien de inmediato llamó a *Crónica* y publicó la exclusiva.

Susana se volvió sola a Buenos Aires y los rumores de separación comenzaron a ganar la calle. Sin embargo, la pareja se iba a reconciliar. La actriz se sentía muy atraída por el "Negro", de quien también le divertía su candor y espontaneidad. Entre las anécdotas que atesoraba de su convivencia, Susana contaba siempre la del encuentro entre el boxeador y la condesa de Bildhestein, en París. Monzón tenía que recibir un premio y durante todo el día había estado practicando el clásico saludo *"Merci beaucoup"* (mercibocú) para agradecerle a su alteza. Pero cuando llegó frente a la aristocrática dama, se le hizo una laguna y lo único que pudo decir fue *"cu-cu"*. Esas diferencias entre ambos, que a ojos del mundo parecían separarlos, en realidad los unían.

Durante los dos años siguientes, las cosas parecieron funcionar a las mil maravillas. Incluso ella logró convencerlo de abandonar el boxeo, hecho que finalmente se concretó el 29 de agosto de 1977. Pero inexorablemente el final se iba acercando. Las discusiones volvieron a recrudecer, muchas veces por celos profesionales y, en otras oportunidades, porque él intentaba intervenir en la educación de Mercedes.

En febrero de 1978, después de una pelea, el campeón tomó sus cosas y se fue. Alguien le había soplado al oído que a ella se la veía muy seguido con Norberto Draghi, quien regresaba de esa manera a su vida.

"No lo puedo creer. Engañarme con mi amigo, con el tipo que usaba mi ropa, que andaba en mi auto, que vivía en mi casa. Es una puñalada muy grande para mí. Lo único que le digo es que cuando lo encuentre le voy a romper la cabeza", fue el mensaje que le envió Monzón.

Deprimido y devorado por los celos, decidió irse solo a Italia. Allí se volcó a la bebida y conoció por primera vez los efectos de la cocaína. Su otra droga, el amor por Susana, se había terminado y necesitaba algo que lo compensara.

Antes de morir en un accidente, el pugilista seguía recordando a la diva. Ella, por el contrario, una vez terminada la relación prefirió olvidarlo. Afortunadamente para ella, cuando Monzón falleció, su programa no estaba en el aire y evitó así tener que hacer algún comentario.

El pibe alegría

Su *affaire* con Norberto Draghi duró apenas unos meses. Los necesarios para confiar en él, según ella, y ser estafada. Susana siempre comentó que el deportista la había abandonado para huir a España llevándose una suma cercana a los 300.000 dólares. Hoy, ofendido por lo que considera una mentira, Draghi le inició a la conductora una querella por calumnias e injurias.

Durante el verano de 1981 las revistas comenzaron a especular con el romance entre Susana y un joven actor llamado Ricardo Darín, quien saltó a la fama en el recordado grupo de "los galancitos". Pero la confirmación se produjo el 18 de mayo de ese año, cuando en la discoteca*New York City* se celebró el cumpleaños de Carlos Perciavalle, gran amigo de Su.

Más de mil trescientos invitados llegaron al local de la avenida Alvarez Thomas para presenciar cómo Moria Casán emergía de una gigantesca torta de cartón. Giménez se presentó cerca de la medianoche a bordo de su *Mercedes Benz*. Al ingresar, ignoró ostensiblemente a Héctor Cavallero y se dirigió a la mesa que ocupaban Mirtha Legrand y Graciela Borges. De inmediato pidió un whisky y se preparó para pasar una noche divertida.

Ricardo Darín llegó una hora más tarde y ni bien puso sus pies en el lugar, sin ser invitado, acercó una silla a la mesa de la actriz. Se sentó pegado a ella y acto seguido comenzó a elogiar la estola de visón que rodeaba su cuello. Minutos después y para asombro de los presentes, ambos comenzaron a prodigarse mimos. Susana acompañaba cada caricia con la expresión *"¡Conejito mío!"*

A las tres y media de la mañana se fueron, pero antes se encargaron de que su retirada no pasara inadvertida. Rodeados por una nube de *paparazzi,* se subieron al auto de la actriz, aunque fue Ricardito el que se sentó al volante. El joven tardó algunos minutos en arrancar la máquina alemana, ya que no sabía cómo poner los cambios. Sus escasos conocimientos de chico de barrio lo habían traicionado.

Una vez en marcha, ella le pidió que la llevara hasta su departamento. Y hacia allí fueron.

Para alegría de los periodistas y tristeza de Martita, la chica que hasta ese entonces oficiaba de novia de Darín, el romance de la diva y el joven actor era un hecho. Ambos lo hicieron oficial cuando concedieron un reportaje conjunto a la revista *La Semana*. Extrañamente excluyeron al semanario *Gente*, la debilidad de Susana, porque la actriz estaba enojada con la publicación de Editorial Atlántida, por haber puesto siempre el énfasis en la diferencia de edad que había entre ambos.

En la nota de marras, Su y Ricardito contaron de qué manera comenzó el *affaire*. Las damas primero.

—Fue durante el verano. Una madrugada de febrero íbamos cada uno en su auto rumbo a La Florida, el lugar donde teníamos nuestras casas. En un momento dado él me cruza el auto y me grita "Te amo". Seguí contando vos porque me da vergüenza.

—Ella se hizo la ofendida y me gritó: "Qué estás haciendo. Vos estás loco. Cómo vas a arruinar así una linda amistad". Esquivo el auto y se fue. Pero al otro día me vino a buscar.

Antes de publicitar el romance y para no levantar sospechas, la parejita se intercambiaba cartas de amor que ella firmaba como "Marilyn" y él como "De Niro". Pero una vez que la relación tomó estado público ya nada importó. Incluso viajaron a Nueva York, lo que significó la primera travesía internacional del galancito.

Signada por la infidelidad masculina, al poco tiempo de estar juntos Susana se cruzó imprevistamente con su novio en la confitería *Tabac*. Ella estaba con dos empresarios y él ingresó en compañía de una jovencita muy atractiva. Rápido de reflejos, el actor le juró que era su contacto con la marca de ropa que usaba en su trabajo. Y ella optó por creerle.

Unos días más tarde comenzaron a trabajar juntos en "Sugar", una idea de Carlos Perciavalle, que ambos protagonizaron con Arturo Puig. En aquel momento la elección de Puig causó un revuelo de proporciones, ya que para ese papel había comenzado a ensayar Carlos Calvo. El humorista oriental había decidido desplazar a "Carlín" acusándolo de estar demasiado gordo. Darín, muy amigo de Calvo, no intercedió por él y dicha acción provocó una ruptura entre ambos actores que hasta hace poco seguía vigente.

Cuando a Susana le ofrecieron 25.000 dólares por posar desnuda en las páginas de *Play Boy*, su joven novio se encargó de convencerla. Si bien la actriz no utilizó ese dinero más que para comprarse un par de aros en *Ricciardi*, esa decisión le permitió demostrar que a los cuarenta años una mujer todavía podía desnudarse sin miedo.

De todos modos, su cuerpo ya no era como el de una chica de veinte. Ese lugar iba a tener que dejárselo a Florencia Bass.

Momento de decisión

Un día Ricardo estaba sentado en una confitería de Corrientes y Suipacha esperando a un amigo, cuando vio pasar a una señorita más que atractiva. Se cruzaron las miradas y él le sonrió con picardía. Cinco minutos después ella volvió a pasar y él se abalanzó torpemente. Cuando ella atinó a levantar las manos para evitar el golpe, él se las tomó sin violencia y le dijo *"¿Bailamos?"*

Al otro día la llamó a la casa de su tía Porota y la invitó a salir. Allí se enteró de que Florencia era oriunda de San Nicolás y que su padre era un famoso médico de la zona. Poco a poco, esta relación que comenzó como una aventura más terminó consolidándose. Lo único que faltaba era comunicarle la buena nueva a Susana.

En realidad la decisión fue acelerada por Florencia. Sabiendo de los celos del actor, decidió trabajar junto a Gerardo Sofovich con muy poca ropa. Cuando Darín la enfrentó molesto, ella le contestó secamente: *"Si vos hacés tu vida, yo hago la mía. Decidí."*

El decidió. Y habló con Susana. La actriz, que ya sospechaba que algo estaba pasando, le pidió unos días y que le permitiera ser quien anunciara la novedad a los medios. El aceptó.

Otra vez se quedaba sola. Pero ahora tenía más años y más fama, aunque menos ganas de comprometerse. También había desarrollado un sentido del humor más afilado, producto de lo que había recogido de su relación con Ricardo Darín. Eso, pensaba, le iba a permitir encarar la vida de un modo menos trágico.

Hasta que en el "baile de las princesas" llegó su príncipe, encarnado en Huberto Roviralta. Se enamoró y se lo contó primero a su ex pareja. El amor irrumpía nuevamente en su existencia cuando ya no lo esperaba.

Todo fue como en un cuento de hadas, pero al revés. Porque después de diez años, en oposición a los relatos infantiles, su Príncipe se convirtió en sapo.

¿UNA NUEVA SUSANA?

—¿T*E ENTERASTE? ¡Susana se sacó de encima 70 kilos de peso!*
—¿Cómo hizo? ¿Fue una dieta, una cirugía?
—No. Se separó de Huberto Roviralta.

Este era el chiste más escuchado entre las amistades de la diva, apenas se enteraron de la novedad de su divorcio. De esta tragicómica manera se tomaban dos de las desgracias que acechaban a Susana desde hacia tiempo: su marido y su sobrepeso.

Con el lanzamiento libre del cenicero, la estrella logró quitarse de encima su mayor problema. Pero también, gracias a ese cambio sustancial, pudo dedicarse de lleno a recuperar *"el cuerpo que tuve toda mi vida"* y lo transformó en el desafío más importante de esta etapa.

Los ejercicios físicos y la estricta dieta iban a servirle además para olvidarse un poco de los vaivenes económicos que rodean su controvertida separación. Evitando enfrentamientos que consideró innecesarios y que sólo iban a traerle más problemas, se dio incluso el lujo de rechazar cierta documentación secreta que le habría acercado un colaborador, que ponía en duda datos del nacimiento de Huberto y su pasado noble. Ella se limitó a escuchar a su informante, para cerrar la charla afirmando que no quería saber nada más de su ex esposo.

Decidida, a partir de ese momento, puso todo su empeño en cambiar su *look* y recuperar a aquella Susana Giménez que impactaba y rompía los corazones de los argentinos.

La transformación respondía no sólo a sus deseos personales, sino también a los consejos de sus amigos, en particular los de su *coiffeur* Miguel Romano. El peluquero de los famosos logró cambiarle su peinado acartonado y serio por algo más informal y suelto. Consiguió que Susana se dejara crecer el cabello. Todos los días se lo lava con un champú especial de trigo, elaborado especialmente por un amigo de Miguelito.

Venciendo una pereza de años y asombrando a quienes la rodean, la conductora resolvió ponerse en manos de su *personal trainner* de manera incondicional. Sus amigas siempre la definieron como alguien poco propenso a los esfuerzos físicos y algo negligente en lo que a gimnasia se refiere. Sin embargo, desde su última estadía en Fisher Island, la estrella dedica varias horas a trabajar su cuerpo con ejercicios específicos y complementos livianos, emprendiendo además largas caminatas en las cintas de entrenamiento.

Claudio Penna, su profesor particular, armó para ella una rutina que incluye gimnasia aeróbica y localizada en glúteos, piernas y brazos. Esta última zona es la que a Su más le interesa trabajar, ya que su sobrepeso se notaba especialmente en esta parte y muchas veces le impedía lucir algunos de los modelos que le llevaban para su programa.

"Imagináte, cada vez que tengo que ponerle sal a las comidas se me mueve todo el brazo como si fuese una bandera. ¡Es un horror!", explicaba con su abrumadora franqueza Giménez, cada vez que mencionaba los detalles de su lucha contra la flaccidez y la balanza.

A todo este desgaste calórico y energético, la actriz suma tres visitas semanales a un Spa muy exclusivo llamado *Timodella*. Allí se somete a un tratamiento de reactivación enzimática que, supervisado por su médico de cabecera, le permitió bajar siete kilos en muy pocas semanas. Como cierre de cada jornada en el embellecedor reducto, le realizan una sesión de masajes terapéuticos. Eso sí, Susana siempre pide que no se detengan mucho en los pies por que las cosquillas la matan.

SUSANA YA NO CREE EN LÁGRIMAS

En esta nueva etapa de la estrella, el humor ocupa también un lugar de privilegio. Si al principio el divorcio y el escándalo la transformaron en una pila de nervios, hiperkinética e irritable, a medida que pasaban los días volvió a prevalecer el buen humor.

Mucho tuvo que ver en esto Ricardo Darín, quien se convirtió poco menos que en su consejero espiritual. Desde aquella jornada violenta en la mansión de Barrio Parque, su ex pareja se acercó mucho más a ella y es consultado en casi todo.

"Es una de las personas en quien más confío porque sé que me quiere bien y que no va a dejar que me lastimen. Nos queremos mucho y él siempre se las arregla para sacarme una sonrisa. No saben cómo me ayudó y cómo me ayuda. Es un sol."

Claro que para multiplicar las risas y levantar la autoestima, nada mejor para una diva que recurrir al amigo bisturí. Semanas antes de salir al aire, la conductora pasó por el consultorio del doctor Pintos Barbieri y se hizo una "refrescadita", que traducido en buen cristiano significa un *minilifting* reparador de su rostro. El único detalle que delató su tránsito por el quirófano fue una banda elástica color piel, que durante algunos días tuvo que llevar en su mentón.

Su vestuario fue también sometido al operativo "renacimiento". Dejó de lado la ropa holgada —común en las mujeres con problemas de peso— y recuperó los vestidos ajustados, las minifaldas e, incluso, se atrevió a los *joggins*. Su antiguo guardarropas fue a parar a manos de sus amigas, quienes de pronto se encontraron con una serie de costosos vestidos a su disposición.

"Bajé dos talles y todo lo que tengo me queda enorme. Pero no me importa, porque significa que estoy en línea y, lo más importante, ¡que tengo que volver a comprarme ropa! Me veo en las fotos con joggins y no lo puedo creer. El tiempo que perdí por suerte lo estoy recuperando. Aunque suene mal, a muchas mujeres les vendría bien separarse para recuperar la autoestima. A mí me pasó y ahora me siento bien."

En boca cerrada

En el único momento en que Susana padece las consecuencias de su cambio de vida, es a la hora de acatar la estricta dieta que le marcó el doctor Alfredo Cahe. La locura de la diva por la comida, en especial por los dulces, es conocida por todos. De allí el asombro de sus allegados cuando la ven someterse, protestando pero sin rendirse, al riguroso plan que le indicara su nutricionista.

Por las mañanas, una austera Susana desayuna te, café o mate cocido con un poquito de leche. Lo puede conjugar con un par de galletitas de agua y una vez por semana incorporar un jugo de pomelo, sin azúcar.

Los almuerzos se reducen a caldos, verduras, pollo, sopa de arroz, pescados varios, milanesa de pollo y, como premio, una vez por semana un bife a la plancha o una milanesa de carne.

A la hora de la cena la rigidez del régimen bordea los límites; sólo le está permitido ingerir caldos o algún tomate relleno. Para asegurar óptimos resultados, debe consumir por lo menos dos litros de agua diarios.

Los sábados y domingos son días considerados "libres". Esto es: la estrella puede comer cuanto quiera. Sin embargo, en una nueva demostración de voluntad y tesón, siguió manteniéndose dentro de la dieta. Uno de los sorprendidos por esta actitud fue Franco Macri, quien una noche, cenando con Flavia Palmiero —su nueva pareja—, se encontró con Susana y su novio. Cuando vio lo que comía la actriz le preguntó si estaba enferma *"porque eso que tenés enfrente se lo dan a los pacientes en los hospitales"*, explicó mientras señalaba una escuálida pechuga de pollo.

Claro que no todos esperan que pueda seguir adelante con los cambios y disfrute de su nueva etapa. Su archienemiga Graciela Alfano asegura que *"tendría que haber empezado la dieta antes de perder a su marido. Lo que pasa es que para ella un kilo de bombones es más importante"*.

La ex conductora de El periscopio tiene ahora un nuevo motivo para detestar a Giménez: haberla dejado sin los vestidos de Elsa Serrano minutos ante de su salida al aire. *"Si seguís vistiendo a la Alfano te hago mierda"*, fue la sutil frase que Susana eligió para hacerle entender a la costurera que ella era la única.

Pero, sin dudas, el afecto de la gente y estar nuevamente enamorada hicieron las veces de poción mágica para el cambio y la recuperación de la diva. Aunque ella asegura que su nuevo *look* tiene que ver con una decisión personal y no con su relación con Jorge Rodríguez.

"Ya no me importa lo que digan los demás y menos los hombres. Durante los últimos años le hice caso a Huber y casi me voy al tacho. Ahora pienso en mí. Soy más egoísta pero más feliz.

Lo único que me importa es gustarme cuando me miro al espejo y gustarle a la gente. Los demás están pintados.»

En esta determinación de impedir que su nuevo novio interfiera en su vida puede notarse la clara influencia de algunos amigos de la actriz. Los mismos que le estarían susurrando al oído que se replantee su vínculo con Rodríguez, teniendo en cuenta los rumores que van y vienen acerca de este sujeto y sus sociedades.

Lo cierto es que pareciera que Susana no puede tener príncipes consortes. Mal que le pese, es su mundo afectivo el que siempre le trae dolor y la lleva al borde del abismo.

Ella nació para reinar. Pero todo indica que lo hace mejor sola. Cuando los príncipes-sapos desaparecen, la reina vuelve a recuperar su reinado y lo domina con mucha más precisión.

Ya no le importan sus cincuenta y cuatro años. Cuando mira las ajadas fotografías de la década del 60, tal vez vuelva a sentirse satisfecha: nada tiene que envidiarle a esa mujer que metía miedo desde sus curvas pero que perdía constantemente en el juego del corazón.

Muchas lágrimas, varios escándalos y grandes sumas de dinero es el precio que tuvo que pagar.

INDICE

Se terminó de imprimir en mayo de 1998
en los Talleres Gráficos EDIGRAF S.A.,
Delgado 834, Buenos Aires, Argentina